天下文化

BELIEVE IN READING

曾寶儀

生命中最大的寶藏
就是你自己

Stand
by
Yourself

目錄

第三部 富足與日常

自序
沒有人比你更會愛你自己

曾寶儀

二〇二二年五月，我有了自己的 podcast 節目《曾寶儀的人生藏寶圖》。當時會取這個名字，是覺得在我的主持生涯中，遇過各式各樣形形色色的人們，在我心中每個人都像寶藏一樣閃閃發光。我希望透過聲音，將我生命中遇到的寶藏一一開箱與聽眾們分享。

做了一年多後，在一個演講的場合最後問答環節時，有位觀眾舉手問了我：你開箱了這麼多寶藏，對你來說最大的寶藏是什麼呢？

我記得我毫不猶豫理直氣壯地回答：我生命中最大的寶藏就是我自己！

當我篤定地說出這句話時，全場的空氣有點靜止，但瞬間大家彷彿明白了什麼，所有人又都活了過來，然後跟著我一起振奮起來。

是的！我真心相信，我生命中最大的寶藏就是我自己！

那不只是這些年大家常掛在嘴邊的口號：要愛自己！而是我真真切切明白，這個世界所有我需要探索追尋的，都在我自己身上。那些在我身上發生的事、我遇到的人，最終也只是要讓我照見我自己，讓我明白我是誰，我為什麼在這裡！

看到這你或許會猶豫，難道又是一本雞湯書？這年頭雞湯還不夠多嗎？哈哈，這個問題其實我也常常在問自己（所以這本書才會寫這麼久啊！）但一個多月前，我經歷了週期性的低潮（沒錯，不知道是季節變換還是星象或是荷爾蒙的影響，本人偶爾會被低潮攻擊），就是那種覺得這一切都很沒意思，遇到的人做的事去的旅行，還有生命意義什麼鬼的，都很沒意思。然後在百無聊賴的一個晚上，我跟朋友一起吃了個晚餐。那是個很難訂的餐廳，基本上是人品爆發才輪到我。本應是值得期待的美食，但我坐在那還是被低氣壓圍繞，竟然連美食都救不了我，這症頭有點嚴重啊！席間我忍不住跟朋友說了最近的困擾，在嘗試用不同的方式開導我不果後，她突然說了一句「沒有人比你更會愛你自己」！那時我的腦袋像是有種燈泡一亮，或是拉霸拉了半天突然出現７７７連線，鈴聲大作恭喜中獎的感覺！

就是這個！

於是從那天開始，我就只做這件事：好好愛自己！每天我都興致勃勃地好好愛自己讓自己開心，因為我知道，老娘千錘百鍊了這麼些年，最擅長的就是這件事了啦！我花了這麼多時間關照別人的情緒，照顧別人的需求，那些功力我現在要全部用在自己身上！我要像寵愛自己家小孩的方式一樣寵愛自己！我要把那些投注在我喜歡的人事物上的熱情全部回到我自己身上！那些我曾經投射出去的熱切眼神如今我要望向我自己！欸！奇妙的是，在那句話後，我的低潮就煙消雲散了！

讓我們再看看這句話：沒有人比你更會愛你自己！有夠雞湯吧？

但在對的時間出現了，成為當時一直在鬼打牆的我的救贖！於是對這本書我也不再猶豫了，我相信它一定會在對的時間遇到對的人。這裡記錄的都是這些年我一步一步更靠近自己的體悟與練習，可能不是每一個啟發對你來說都是對症下藥，但即使只有一句話，在你需要的時候，給你一點支持、一點鼓勵，讓你知道有人跟你一樣會遲疑、猶豫、懷疑，甚至會指責自己，但是依然義無反顧地朝向自己的中心走去，這樣我的分享也就值得了。

願你也能明白你是最懂得愛自己的那個人。
在你希望有人接住你時，你能成為你心心念念不斷找尋的那個人。
然後理直氣壯地說出：我就是我生命中最大的寶藏！

第一部

痛苦是覺醒的開始

Part 1

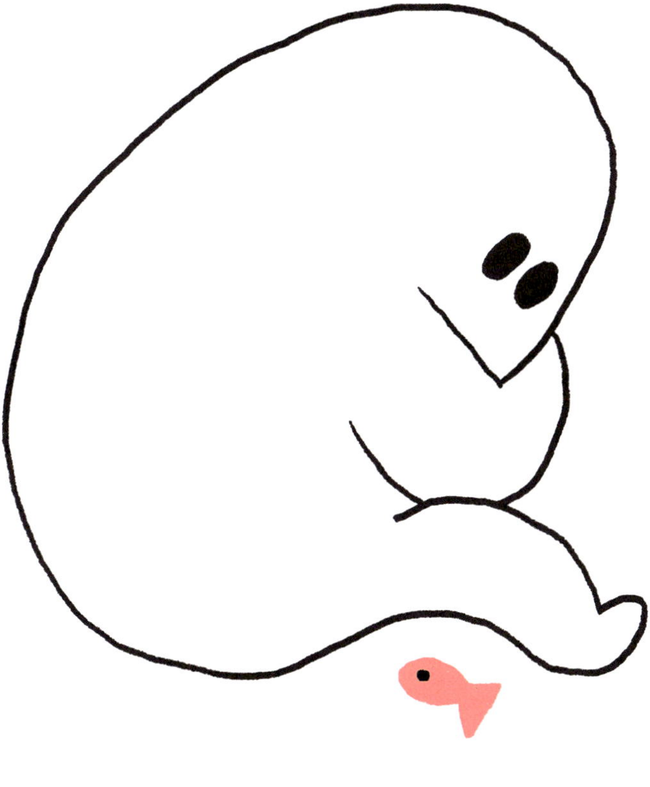

II

1 所有的痛苦，都是向內探尋的邀請

「有時候，痛苦是通向人生下一階段的路徑。」——《療癒密碼二》

二〇二〇年，COVID-19 開始肆虐，橫掃全球各地，所有的人、所有行動都被迫按下暫停鍵。在當下大多數的我們感受到極大的焦慮與不安，不知道這正體不明的疾病究竟還要影響多久，何時可以恢復「正常」生活。（有趣的是，到底什麼是正常呢？）

然而，當整個世界彷彿一起停擺的這段期間，我們不能再隨心所欲四處移動、旅行，許多事情無法依著進度順利進行，追求效率已經不是首要之務的同時，我們似乎也獲得了意外的生活。不再被每天處理不完的瑣事追著跑，不再因為過度工作而疲憊，一回到家就變成沙發馬鈴薯，或倒頭就睡。我們似乎多了一點點時間，能夠與自己相處，或者說：必須與自己相處。

因此，對我來說，這樣意外的大暫停也是很好的機會，讓我們可以回到自己的中心好好思考：在有限的生命當中，我們真正需要的是什麼？因為常常我們無意識地抓取某些浮木，目的是想要逃避那些真正需要解決的問題；或者，我們也很容易把別人的價值觀當成是自己的價值觀，誤以為照別人的生活方式活著，就是最好的，在這個世界上行走的方法。

COVID-19的確扭轉了這個現象，我們沒有辦法往外走了，也沒有辦法去世界各個不同的地方旅行、探險，無法藉由打卡、拍非常多的網美照來告訴別人「我過得很好」，證明自己生活得很充實、完全沒有問題。

我們可能不自覺地以世俗的高標準活著，而且活得相當吃力與疲憊，而疫情其實是非常好的機會，讓我們放下世俗這把尺，重新回到自己的中心。放在自己生命的時間流裡，面對眼前的困境，也是非常好的出口之一。當生命遇到困境，容易理解的例子包括沒有辦法得到想要的肯定，失業了失戀了、沒能獲得成就感、遭受挫折，或是感到悲傷、感到痛苦、感到憤怒、感到恐懼時，對現在的我來說，我會將所有的「困境」看做是安全出口的指引。出現這些狀況的時候，其實就是提醒我們，在生命當中有一部分還沒有完善地處理、還沒有安放妥當。當我們意識到問題的存在，同時也就得到了指引：出口就在那裡！可以朝那裡走，或者是往裡面看（是的，不管是往內還是往外，其實都是同一件事）。

換個角度想，「痛苦」可能是件好事。它會讓你確認你是不是在正確的道路上，你正在進行的對你來說是一種追尋或是逃避。

因此，對我來說，COVID-19帶給人的「困境」，非常像是讓全世界的人類進行一場大規模的禪修。禪修時，參與者的生活狀態是非常受限制的，比方說，能吃的東西有限，生活作息、移動都必須要按照規定來進行，也因為如此，禪修者會面臨這種狀態：沒有人、沒有外界眼光聚焦在自己身上，只有自己看著自己，在這種情況下，你會想要如何活著？

當台灣進入三級警戒，開始在家上班、盡量減少外出等較為嚴格的防疫規定之下，如果自己一個人在家，你會打扮嗎？如果沒有人看著你，你為誰打扮呢？你會感到孤單嗎？你會用什麼樣的價值觀活著，還是其實那些已經不重要了？只剩下你跟你自己面對面的時候，你是怎麼看待你自己的？你覺得你安好嗎，還是你不斷地在期待明天期待未來，解封了就好了，就可以回復到原本的生活？而原本的生活真的是你想要的生活嗎？

當我在整理疫情發生後這兩年多來的種種，很大的體悟就是，我有更多機會不斷地往內看，看看我在哪裡？我有好好地「在這裡」嗎？我有安住在我在的每一個當下嗎？不管外界風雨、確診人數高高低低、到底要打多少劑疫苗等等，我還是一樣能如如不動地安住在我的內心嗎？

因此，我常常會問自己：你現在在哪裡？你在這裡嗎？你在這個當下嗎？這個「在」，並不是地球上的一個座標，不是 Google Maps 上面可以找到的那個定點、空間中的在，我說的在，更像是「頻率」的在，意識到我們身在哪一種頻率之中。是比物理上的在，更進一步上升到心理層面的在，這才會對我們的生命起更大的幫助。

「你在這裡嗎？」

「我在這裡嗎？」

這是我常常在心裡問自己的問題。

吃飯的時候，我在這裡嗎？

走路的時候，我在這裡嗎？

靜心的時候，我在這裡嗎？

旅行的時候，我在這裡嗎？

開心的時候，我在這裡嗎？

憤怒的時候，我在這裡嗎？

悲傷的時候，我在這裡嗎？

茫然的時候，我在這裡嗎？

有的時候，光是覺察到該問自己這個問題，我就已經回到當下，與自己「在一起」了。

你有時時刻刻與自己「在一起」嗎？

還是大部分的時候，你忙著眷戀過去，擔憂未來，卻忘記已經發生的事情並不等於你？每個當下你都在重新校正自己定義自己，每一秒的你都是新的你；而你擔憂的未來可能永遠不會來，但你在擔憂的同時，其實你已經在那個當下體驗了那些根本不需要體驗的痛苦。

我很喜歡一行禪師的一個故事：越戰時期，他曾經在美國說法，傳道的同時，也感召大家以不同的角度看待越戰。一次在美國聖路易郊區的聚會，一個憤怒的美國人起身說道：

「一行先生！如果你這麼關心你的同胞，你為什麼在這？如果你這麼關心那些受傷的人，你為什麼不把時間花在他們身上？」

這個憤怒感染了在場的所有人，這個尖銳的詰問穿透了大家的心。面對戰爭，大家都有憤怒。而一個情緒性的發言，很容易勾起大家內心能相印的那個部分，彷彿，那都是我們的憤怒。

在一片風雨欲來的寂靜中，一行禪師說：

「如果你希望樹生長，把水澆在葉子上是徒勞無功的，你必須灌溉的是樹根，而這場戰爭的大多數根源都在這——你的國家。要幫助那些被轟炸的人，要試著保護他們不再受苦，我必須來這。」[1]

這番話安撫了所有人的疑問與憤怒。

第一次看到這個故事的時候，我被禪師的修為震懾。他一定也有自己對戰爭的疑問與情緒——拜託，被轟炸的是你的家鄉，死去的是你的同胞，如果這個時候你大發雷霆，沒有人會指責你。他大可在那位美國人發脾氣的時候指著他的鼻子說：「嘿！那你覺得，這是誰的錯？」我想也不會有人反駁什麼。

他有各式各樣反應的選擇。

而他選擇了平和與慈悲，他明白，既然想消弭衝突，就別與衝突站在同一邊。

他的學習讓他有能力在很短的時間內靜下來，選擇自己該「站在哪邊」。

但多年後，我再次閱讀這個故事時，我突然有個新的體會。

1　故事出自一行禪師《正念的奇蹟》一書。

是的，得從根著手。

我曾經經歷很多追尋，年輕的時候追求成績，長大一點追求業績，當我把世俗的生命清單一一打勾後，發現好像最終能滿足我的不是這些，因為其實追求來追求去，都是一樣的東西——那用來填滿心裡無底洞的東西。

然後我開始追求靈性。我想認識了前世今生、認識了宇宙星辰，學會了量子力學、明白雙縫實驗，我就能解決所有的問題了吧？

只要我開悟覺醒，那些讓我痛苦的事就不會再困擾我。我甚至曾經看著一個號稱已經「開悟」的外國人，心裡吶喊著「我要去那裡！」

但隨之而來的是更多的疑問，那個「然後呢？」的問號還是縈繞著我。

然後呢？然後呢？然後呢？

沒有然後，只有現在。

我想要解決最根本的問題！像禪師一樣，澆水就要澆樹根。

剩下的，都是旁枝末節。

我走了一大圈的學習才明白，那些先賢先知們想分享的也是一樣的道理——最簡單的道理。

我不會說這一大圈很白費，畢竟，我還是用我最喜歡的方式走過這段旅程。而你，一定也有自己的旅程要經歷。不管那條路上有什麼、會發生什麼事，我都相信，只要你好好地「在」那個當下，你就會得到力量，認出真正的自己。

2 我曾經用青蛙的身分，過著海龜的生活

我有個動植物溝通師朋友叫春花媽，在他的 Podcast 節目上，我釐清了一些事情。在春花媽的宇宙藥輪裡，我屬於青蛙家族——如果說星座是一種分類、人類圖是一種分類，靈性動物（藥輪）也是一種分類，用動物來解釋一個人的特質。

青蛙家族的特色就是敏感，而且會變態，從水生的蝌蚪變成兩棲的青蛙。這個家族的人變化多端，但是對情緒的感知非常敏銳，因為青蛙是用皮膚也就是全身在感知這個世界。「重視自己內在的變化，是專注於自己的個體，是能自愛而後能他愛的體貼青蛙人。所以他的發力是由內而外的，相對

感性。」[2]但我的前半生，卻是用海龜家族的態度在活著。

海龜是土元素的，「在意是否可成就多數人，或者說，他在意的是人們生活品質上的具體改善，而非一味追求內在價值的彰顯，是由外而內的拓展，較為理性。」[3]春花媽看到我的時候，會覺得我以前過得很彆扭。等我們聊完，才發現原來我的前半生是用一種海龜的方式在這個陸地上、在這個地球上活著。我不斷回應別人的需求，因為我渴望被需要，否則就覺得我不值得存在。在我的上一本書《人生最大的成就，是成為你自己》裡，我提過我從小就有害怕被拋棄的這個議題，所以我會努力想要證明我有用，我對這個家有貢獻、我在這個戀愛裡面有貢獻，或是成績很好，我才值得被稱讚，才有存在的理由——事實上我在用一個很不健康，甚至是不符合我人生設計的方

2 出自《春花媽宇宙藥輪》，頁88。
3 出自《春花媽宇宙藥輪》，頁88。

式在存活著。

我是什麼時候意識到有問題的？

我累了，我真的累了。最關鍵的那幾年就是二〇一〇到二〇一二那三年。那算是我人生的靈魂暗夜，絕對是黑暗期，不管是我的感情、工作，我對生命的質疑、我爺爺過世，全都發生在那三年。那天我無意間翻到了我二〇一〇年寫給自己的一封信，感到當時我就是心力交瘁，所有事情都堆疊在一起，覺得自己有點像是陷入憂鬱症的狀態：晚上睡覺，我會很害怕一個人躺在床上；我失眠、睡不著，好不容易睡著了，兩、三個小時就會醒來，而且很怕張開眼睛的那一刻，因為我只要張開眼睛，就要面對這個世界。

然後我脖子的淋巴長了好幾個結節，總之整個身體都不對勁。我覺得那是我的累跟我身體的反應，告訴我停下來！停下來！於是有一天我跟我自己說，不管現在在做什麼，我都必須停止，因為這樣的生活已經完全危害到我了！我必須要砍掉重練。那個節點之於我是真切而明白的存在。

我停下一個手上的計畫，充滿感激地，得到了一個去高雄拍戲的機會。

那年我在高雄拍了三、四個月的戲。過程很累，體力付出很多，而且我是中途加入劇組的，壓力不小。但我覺得我被南台灣的太陽、南台灣的人，以及那齣戲療癒了。在那段時間我專注地工作專注地生活，那個經歷把我從泥沼的狀態拉出來，完全讓我離開台北，離開那個已經無法讓我感到安全的地方。拍戲的過程非常開心，那是一齣喜劇叫《倪亞達》，演我爸爸的是蔡振南南哥、媽媽是楊麗音麗音姐、老公是楊祐寧，小姑是第一次拍戲的郭書瑤，有小朋友還有狗。整個劇組到現在感情都非常好，只是他們可能不知道，那時的我正經歷人生最低潮的時刻。而我就在南台灣的太陽跟人情味裡面，一點一點地找回自己，同時覺得放了一個很長的假。

現在回想起來，我像是逃跑了一樣，毅然決然斷開原有的計畫與責任。

但是那時候我有種很真切的感覺：如果我再這樣繼續下去，我整個人會垮掉，會不見。如果我不在那個時候砍掉重練，或許撐下去能得到另一個不同的體驗，但不確定我是不是能夠負擔那個硬把自己當「海龜」的後果。

大部分的時候，不管是我們想要變成一個好好先生好好小姐，或是想說不給別人添麻煩，我們都採取一種委屈自己的態度，說：好，沒關係啦，我就委屈一下，反正我不能改變你，那我妥協好了。這當然是一種做法，可是時間長了，一定會有一個節點讓你知道，就是這裡了！再往下走，事情會走樣，我會走樣！如同剛剛說我從海龜家族的生存模式變成青蛙家族，有一個很清楚的分水嶺就是我累了，真心感覺到我累，身心靈都累，而我已經承受不了這個累，必須要做一個很清楚的轉換，我想那就是劃清界線、做出改變的時候了。

有時疾病就是一個擲地有聲的分水嶺。你的身體用一種你無法忽視的吶喊跟你說「可以了，我需要休息，我需要改變！」

而我們的確也應該要教會別人，怎麼對待我們。

有些人就是無止境地自己承擔，有些人則是無止境地歸咎外面的人。不管是全然地向裡面或向外面看，我覺得都沒有走在一個中間道上。一個真正好的中間道就是我在釐清界線的同時，告訴自己也讓他人明白。當然，你也可以在別人不斷重複營造一個狀況時不為所動、如如不動地活在自我的中心，這也是某種態度。劃清界線並不是對外界充滿敵意，而是能更溫柔地對待自己與他人。很多人誤以為所謂的界線就是非我族類其心必異，但劃下敵意的界線其實也只是一種鴕鳥的心態，你以為這樣就保護了自己，事實上卻樹立了更多的敵人。

這拿捏的確不容易，但它值得你一再地練習。

你得向內也向外處理。向內，你告訴自己：我知道這裡有個陷阱，是普世間、可能比較容易發生，而我會容易踩下去的陷阱；而向外你得同時告訴別人該怎麼對待你。那個告訴不見得是要說出口，而是明確地讓他人知道，「你不能再這樣對我，我也不會再對你的態度做出任何你預期的反應了。」

這兩件事情可以同時做、有效率地去實踐它們，而且對我來說很管用。比方說其實我很不會處理瑣碎的事務，像是訂飯店、做家事這些，都相當不擅長——但是這些年來，我有沒有在做家事這個過程當中學會一些什麼？其實我有，而的確它就不是我最擅長的事情。如果有家事服務員在，我會無限感恩，我會非常樂意地把這份酬勞交給他，說「讓我供養你吧！」請讓我供養你，也請你清潔我的家吧！我們都把彼此放在最對的地方吧！

我現在知道有些事情，某些人做就是比我做得好，但我以前不明白。我希望自己是個方方面面出色的人，或是說，沒有人教會我什麼才是最適合我的、活在這個世界的方式，於是我也只能拙劣地模仿著我看到的人，或是用大眾媒體稱許的方式對待這個世界。所以我會採取一種烏龜、就是海龜家族的狀態，一種普世容易量化的方法對待這個世界。我如果要對你好，我就得身體力行地對你好，我要送禮物給你、煮東西給你吃，就算那時候煮得很差，但我想要成為一個很好的女朋友、很有用的人，然後就奮力做了些我超級不擅長的事。

就好像我是家裡的大姊，以前我會認為大姊除了自己要以身作則成為榜樣，還得把弟弟妹妹方方面面都照顧得很好，什麼都得管。但漸漸我發現，其實家族裡有比我更會發號施令，或是安排細節的人。對我來說要九牛二虎才能完成的事，他們動根小指就能做到，而且做得比我還好。重點是，這些年我逐漸放下身為「大姊」應該要怎麼樣才值得被尊重、值得存在的執念，我明白家人無條件地愛我並不是因為我有用，而是因為我是我。

於是這些年的家族旅行我愈來愈自在，甚至能任性地擺出「我是大姊我是老人」的姿態，優游地在相處中享受著大家族帶來的熱鬧與支持。在我最愛的人面前，我不用再當海龜了，可以用我最擅長的感知與體貼陪伴大家，適時地送上支持與鼓勵，有時候只是一句話一個擁抱，彼此便能明白我們都被放在最珍視的位子上。

可是我以前不明白，所以活得很辛苦。現在回想起來，那個節點對我來說很珍貴，因為它的確就是一個召喚（calling），要我確切地在我的人生裡面做出改變，而那個改變，我並沒有昭告天下。就像拍了那齣戲之後，我彷彿也在演戲這件事上得到了某些解答。我曾經很執著想成為一個演員，覺得演戲是一件很開心的事，但我並不清楚，自己到底是喜歡演戲，還是因為喜歡那樣子的工作狀態？

事隔多年後，我比較能夠看清楚了。我很喜歡演戲的氛圍，就是一段時間、一群人朝夕相處。那不像做節目或典禮大家短暫相聚，拍戲時你真的可以交到朋友。我到現在有很多好朋友都是拍戲時候認識的，那是好幾個月的事情，是革命情感，有家庭或夏令營的感覺。我也喜歡演戲，但嚴格來說，我喜歡的是在每一個當下的相遇，與故事與對手的相遇。在那過程中我可以觸動那些不見得會在我生命裡發生的情緒，透過表演，療癒他人也療癒自己。但這十幾年來我都沒有告訴任何人，如非必要，我再也不拍戲了。我其實就是默默不做這件事，因為我已經沒有拍戲的想望了。它的任務已經告一段落，我心裡面某個東西已經圓滿了。

在寫下這段文字的時候，我又看得更清楚了些。原來我一開始拍戲的初衷是逃避。我想逃進一個夏令營，運氣好的時候，我會在那裡玩得很開心，運氣不好遇到爛劇組時，至少我找到個地方躲起來了。但二〇一〇那個出走，已經完成了逃避的階段性任務，所以我可以去做更適合我去完成的事，比方說主持或寫作。我發現我依然在不同的當下與人以及他們的故事相遇，透過語言與文字，繼續完成療癒。我相信或許未來也會有很好的角色在等著我，但不是現在。而當我放下演戲這個執念，也得到了更多餘裕去準備跟完成我更擅長的任務，人生也得以鬆了一口氣。

3 別人看起來我很好，為什麼我還是不快樂

在進行這本書的同時，有一整個星期，我陷入了人生的低潮。也許從外界的眼光來看，會有許多不解，因為在當時，自己主持的節目有兩部同時上檔，而且反應也相當不錯，以實際成績來看，應該可以算是這兩、三年來最佳狀態，為什麼還會陷入低潮呢？

可是那個低潮真的只有自己明白。就好像，我們看著許多表面風光的人飽受情緒困擾，那時很多人會不解：怎麼會？他不是都好好的嗎？人生清單洋洋灑灑地打勾，「怎麼可能」會不好？接下來，請讓我娓娓道來我有多「傻」。

首先是我覺得我真的老了，看見自己在螢光幕上的模樣，所有的問題都被放大了。上了妝之後，皺紋會變得很深，在明亮的光線或者太陽底下，臉上的那些斑也無所遁形。看著畫面，我心想「天啊！我老了！」當下那一秒的衝擊是非常可怕的。

於是我的心念開始延伸，思索著一個人會在什麼樣的時刻，意識到「我已經不是原來的我」？也許有些人覺得自己沒辦法抱小孩抱太長時間、有些人覺得自己健行的距離漸漸減少，然而對於藝人來說，看著自己活生生眼睜睜地在螢光幕上的模樣「年華老去」，真的很可怕！因為我知道，不止我看到了，大家都看到了！儘管我花了很多時間學習面對人終將老去這件事，或者我希望我能優雅地老去，但是當我真的「看到」自己老了的剎那，還是震驚到難以言說。

第二個原因，則是我陷入了深深的自責。我非常喜歡《我們回家吧》這個節目。我期許、希望這個節目能成為我生命中的代表作，因為這個節目，某種程度上可以說是一個很像「我」的節目。我喜歡吃、喜歡玩、喜歡旅行，喜歡跟好玩的人去旅行；我喜歡療癒，喜歡跟人聊天，喜歡分享我覺得所有的喜悅與感動。所以，我非常認真地做這個節目。

節目播映的時候，我花了很多時間反覆觀看，於是就有許多念頭因應而生，例如：今天不應該穿這套服裝、為什麼這一段我不讓來賓多講一些話、這個時候我應該要接另外一句話等，我應該如何卻沒有做到的項目……於是那一整個禮拜，我完全陷入「我不夠好」、「我把事情搞砸」的自責之中。儘管理智上告訴我，這些震驚與自責都不是真的，我「不應該」這樣子想，然而這段低潮真真切切地出現在我的生命裡。那個禮拜我沒有運用這些年來曾經學過的種種方法，包括這章接下來會談的靜心。反而用大吃大喝、一直看電視跳進另外一個世界，這些二十幾歲的時候使用的套路來度過低潮。

但畢竟我已經不是二十幾歲的我了，事情發生的時候，同時還有另外一個我正看著我自己，帶點冷眼旁觀的清明跟自己對話：唉呀，學了那麼久你也有低潮？你覺得這次低潮會持續多久？最重要的一件事情是，還有另外一個我在問我自己：你要從這裡面學到什麼？

我其實不斷地在探問。

於是這次低潮，對我來說，就是反覆進入與退出的過程，我一下在扮演一個低潮的角色，然後另一方面，我又跳出來看著自己，問自己你到底要演多久。然後我又回到自暴自棄，不管三七二十一，就是要喝威士忌，就是要看韓劇。

我知道自己應該要好好靜心的，卻遲遲未付諸行動，直到那週結束。那天剛好是新的一集播出的日子，我如期在電視前觀看首播，發現自己被自己的節目安撫了。彷彿那個低潮出現只是為了證明：嘿！果然自己的節目很療癒（笑）！

人真的很奇妙。有些道理頭腦明白，但真到關鍵時刻常常會忘記，會用舊有的模式自動導航地做反應過日子。我花了很長的時間鋪陳自己的心理狀態，面對每個人公平地都會面對的人生歷程：老與死。就跟小時候，會希望自己在暑假開始時就把作業寫完，因為這樣接下來每一天我就可以好好放假好好享受，沒有那種「未竟之事」卡在我的生命裡，讓我總覺得有事沒完成。我想縮短爬山過程的痛苦，快點走到山上觀賞風景。所以我想提前把作業做了，好讓我接下來的日子都能爽爽過。

所以我讀書我學習我給自己心理建設，我知道我更在乎自己素顏的時候是不是健康好看，相信相由心生所以努力做內在保健多過外在保養，知道我終將活到智慧比外貌更珍貴的年紀。但沒想到的是，竟然一條皺紋就可以打掛我！告訴我已經沒有那麼多膠原蛋白，詰問我如果連你都會在意，那是不是表示大家看到了會嫌棄你，年紀這麼大做什麼外景節目！好好在棚內把燈打好還能多維持幾年假象，甚至可能會說，身為藝人你要不要敬業一點在臉上打點什麼，至少給大家賞心悅目的畫面看看。

當我寫上面這段話的時候忍不住笑出來，因為我那個禮拜腦子裡就是充斥著這些話：你根本沒有你想得這麼好！

但經過一個禮拜戲劇化的自我折騰後，我覺得差不多該告一段落了，我開始靜心，這些雜音突然從嚴厲的教官變得像小丑一樣，我看著它們一點一點被過濾、消融。別人看待我夠不夠好我不知道，但我知道在拍攝的過程中我經歷了什麼。那些笑聲，感動眼淚，還有吃進肚子的美食都是真實的，我想要透過節目傳達的訊息也是真實的。

靜心後我逐漸回到那個讓我出發的初心，也逐漸回到那個「我為什麼在這裡的」中心。而這一切的發生，好像就是為了要讓我熱騰騰地寫進書裡，分享給大家。靜心提醒我不要忘記早已明白的事情，也讓我更清明地不斷校正不斷想起我早已具足所有的祝福、看見我的生命想讓我學習的核心。我並不覺得我是那個唯一被宇宙眷顧的幸運兒，我認為每個人都是，但那些雜質那些外在的聲音常常讓我們分心，忘記我們原本美好的樣貌。

我們的心原本就像一杯清澈的水，毫無雜質。但是在成長過程中，有許多東西不斷地加進來，例如家庭灌輸給你的價值觀、學校灌輸給你的價值觀、社會灌輸給你的價值觀，或者是自己有意無意在網路上與書本裡吸收到的種種規範。你以為那是真實的東西，其實都在干擾著你的思考，或者阻礙你回歸內心。對我來說，那就是一些所謂的「雜質」。

在日常生活裡，我們常常不斷地搖動這杯水，所以會覺得自己的頭腦非常混沌；當我們混合了這些所有的價值觀與各種觀念，不管是教育過程中學習到的知識、儒家思想也好，或者是想要功成名就也好，種種念頭混在一起，以至於往往自己無法清楚知道那些想法到底從哪裡來，而誤以為是根深柢固的自我概念。誤以為「那就是我」！

但是靜心會讓人停止搖晃這杯水，讓那些雜質沉澱下來，讓人慢慢回歸到最原始的狀態，或者是讓人清楚看見「在這個當下，自己真正想要的是什麼」。有些雜質必須存在，因為它幫助我們走過人生的某些階段；可是有些雜質會成為過於嘈雜的雜音，以至於就算現在想要掌控住某些雜質，另外一些雜質可能也會讓這件事情變得很複雜。

所以靜心的過程對我來說就是不斷地練習，讓雜質多一點點沉澱，再多一點點沉澱。在我小時候有本很暢銷的漫畫《尼羅河女兒》，在第一集中，尼羅河女兒凱羅爾穿越時空，在古代埃及展現了一項「神蹟」，就是當她被關在奴隸的監獄裡面，看見大家喝的水都非常髒，導致每個人都生病了。她就利用現代人都會使用的方式，以大小不同的石頭層層疊起來，成為濾水器，讓水通過層層石頭過濾，最後流出來的便是可飲用的清水。

不知道為什麼這個畫面對我來說印象深刻，但靜心說穿了並不是什麼神蹟，它就像濾水一樣科學。也就是將腦中的念頭不斷地通過濾水器，把其中的雜質沉澱出來，回歸純粹。

簡單來說，靜心是很好的跟自己相處的一個方法，也能幫助你看見自己當下的處境，回到自己的中心。而每一個來到你面前的事件甚至疑惑，都可以成為練習的機會，練習如何與自己更靠近，如何回到本心。

4 重新活出真正的輕盈跟自由

人生有很多問題之所以沒有辦法很好地解決它，往往是因為我們覺得過錯都是別人的，所以以後還是會不斷地遇到這個問題。

我之所以生氣是因為他說的那一句話啊。我之所以生氣是因為他對我不好啊。我之所以生氣是他沒用對的方法對待我啊。

是你罩子放得不夠亮、你錯待我了、你不應該來打擾我，都是你的問題……而你沒有給自己一個機會回過頭來看，你為什麼會有這個問題？

每個人都覺得是別人的錯，可是我們可不可以試著想想，我為什麼要因為他說的那句話而生氣？我為什麼設了一個底線讓別人可以踩中它，而那個底線是什麼時候設立的，我又為什麼會有這個底線？

是你允許自己成為一個別人一踩地雷就爆的人。你現在有的困擾都是你自己造成的，而你還覺得那只是別人白目。我並不是說白目的人不存在喔，但至少我們可以試著釐清一些問題。你可以試著想想，什麼是你的地雷？為什麼你要成為被別人踩地雷就會爆的人？

這都是你的選擇。你的不自由是你自己造成的，就好像很多人都已經成年了，還在說我現在犯的錯誤是因為當年我原生家庭對我不好。如果你是一個成年人，希望你足夠明白這都是你的選擇，你選擇讓這些事繼續成為你的夢魘與心魔。你會憤怒是因為你選擇要成為一個很容易被別人激怒的人，跟別人激怒你一點關係都沒有。你說你之所以傷害別人是因為你曾經也被傷害——我沒有否認傷害的存在，但可不可以給自己一個空檔停下來想想，你要被這個傷害傷害到什麼時候？當你先把正確的箭頭指向對的地方的時候，靠近解決問題的距離就已經少了一半。屢試不爽的是，當我內心的衝突解決的時候，找我碴的人似乎也變少了，我想那是因為，屬於我的功課我已經做完了，我可以繼續向前走了。

我們常常說我們要設立疆界、要保護好自己，我們要劃清、釐清別人跟自己的責任；但其實有的時候，那個疆界又把某些事情搞砸了，因為你會陷入另外一個無止境的輪迴。到了某一天，你的疆界將成為你的限制。

比方說你會因為出門開會的時候忘了帶一枝筆，就覺得沒有安全感、這些會都不用開了；或者是我要出門旅行的時候，忘了帶眼罩，所以出門的這一個禮拜我都會睡不好了……就是這些事、這些東西，讓你成為一個有限制的人，永遠沒有辦法得到一個隨遇而安的自由：我可以在任何情況之下都活在我自己的中心裡，不被外界影響。就像冥想的時候，念頭來就讓它過去，你不會被這個念頭所困擾。

通常我們會痛苦，是因為過去的事情成為我們的夢魇。不是因為它發生過，而是我們不斷地在腦子裡面回想、重播，以至於如果你曾經被人家錯誤地對待，在那個當下，可能只是一分鐘的事情，但當你在重播的時候，它已經發生一百遍了，那就是無間道啊。他當年只捅了你一刀，可是當你不斷在腦子裡面回想這件事情的時候，他已經捅了你一百刀了，你已經死了一百次了——問題是：是誰讓你這麼做的？是你自己啊。他是捅了你一刀，他就承受那一刀的業力，問題是你在自己腦海重複一百次，那是你自己殺死你自己一百次，跟他沒有關係，他手上已經沒有那把刀，他也沒有在你面前。

所以所謂的疆界跟界線這些東西，對我來說是某個階段性的任務，在某一些別人的確過頭的時候，它是一個保護自己的方式，讓別人不要過分，我們不要被欺負，不會被侵門踏戶的一個方法。可是當你的疆界僵化的時候，其實你也就只有疆界這麼大。你明明其實有無限的可能，是你自己把自己劃得太小了。

人生就是在這個過程當中，不斷地學習拿捏那個平衡。而當你無所畏懼的時候，其實根本也不需要有任何疆界，因為沒有人能夠傷害得了你。這就是為什麼在所有的功夫裡面，對我來說最強的永遠是太極，就是不管你再怎麼強我都能夠化解，而我只要能夠化解你，就沒有了。你得到了一個工具，讓自己有選擇的工具。

當你想要很努力地捍衛你的疆界的時候，別人一踩到，反彈就會很大，彷彿自己成為那頭巴夫洛夫的狗，被別人控制了。而我的學習是，如果有一天我不再捍衛某種疆界的時候，沒有任何人會得罪我，因為你得罪不了我，因為沒有我。我沒有把自己想的那麼重要，我也不會時時刻刻覺得我被得罪了，你這樣就是瞧不起我、沒有把我放在眼裡……完全沒有這件事。然後我就得到了我想要的輕盈跟自由。對我來說，那才是真正的輕盈跟自由。

5 運動，打破了「我辦不到」的執念

我發現每次參加大型頒獎典禮都需要花費相當長的時間準備，身體上的準備。舉例來說，在二〇二一年金鐘獎之前，我花了一個月的時間減重了五公斤，自己感到相當驕傲。然而，一個月後體重又反彈了兩公斤。到了二〇二二年，因為入圍金鐘獎並擔任主持人，這個挑戰再次出現。

先前無論是進行減肥、斷食、運動等，由於這是一個短期目標，讓我感覺這個目標是有期限的，因此並不感到太痛苦，但當我意識到身體的輕盈帶給我的不僅僅是外貌上的好處，讓我可以塞進那些符合時尚標準而不符合人體工學的禮服裡，而是對生活方式和對身體的看法產生了深刻的影響，突然之間，我認識到身體是值得投資的，過去我並未意識到這一點。

以前我抱持著一種迷思，認為年輕就是一切，青春的肉體和皮膚都是無窮的寶藏。然而，隨著年齡進入五十歲，我漸漸發現身體開始變化，我變得比較容易累，體力消耗後也得花更長時間恢復，更不要說坊間總是流傳五十歲後骨骼會疏鬆、肌肉流失會更快，進入更年期人會老得更快等等嚇死人的說法。

金鐘獎結束後，我開始思考這個短期目標是否可以成為一個生活習慣。我想培養一種長期的與自己相處和照顧身體的方式。於是在二〇二二年十一月，我毅然決然地找了一位健身教練。

這裡我想先說，我不是要推廣每個人都要去健身，但找到一種適合自己的運動方式，培養一種喜歡的運動並願意持之以恆地進行是非常值得的。

當我在選擇健身房時，我避免大型健身房的環境，因為不太喜歡那種充滿旺盛荷爾蒙和肌肉總是爆出衣服的感覺。同時我也避免了過於密閉的空間，不選擇地下室的或是沒有對外窗的健身房。最終，我找到了一家小型的健身房，靠近家可以步行抵達的距離（因為我了解我自己，太遠我就會有一堆藉口不出門），而且可以看到陽光和樹木。

在我與健身教練見面時，我嚴正地告訴他，我不想成為金剛芭比，不要對我要求過高，但我的教練總是會用一種很無情的表情看著我，意思就是說，「你就講吧，我要怎麼訓練你，那是我的專業。」

於是，我們開始了第一堂體驗課。我永遠不會忘記，第一堂體驗課後的整個禮拜，我都在心裡詛咒我的教練，因為實在太痠痛了！我沒有這樣使用過我的身體，我早已經說明不要這樣對我，這不是跟我對著幹嗎？

我曾經以為我每天走路、站著、躺著、坐著、握著東西，就已經在運用我的身體了，但其實沒有，我身體大概有一半以上的肌肉是我到現在都不曾用過的。因為過於痠痛，我才意識到原來我身體有這麼多的地方我未曾關注、使用過它們，就跟我們常常說，每個人的大腦其實也只開發了百分之幾而已，原來我的肌肉也是一樣的。

之後每次的訓練基本上都會有一個循環，要健身的前一個晚上跟那個早上，我都會有一個念頭：我是不是有點不舒服？今天是不是要取消這堂課？但是時間一到我又會默默換上衣服，出門去重訓。然後結束又會重複那個詛咒教練的心情：太痛了，真的太瘦了，我為什麼要花錢找罪受？可是每一次，在跟自己的身體相處過程中，我意識到我的身體愈來愈開心，這種開心不只是頭腦上告訴我說我需要做這個運動，而是我的身體的確也有得到某種愉悅。那個愉悅告訴我說：「我支持你，我鼓勵你，因為你做了這個選擇，我很開心，請繼續這樣做。」或是「啊！你總算發現我在這裡了嗎？你知道臀部不只是一大片肌肉，而是由豎豎橫橫大大小小不同的肌肉組合而成的嗎？」

真正讓我深深有感的，是在我竟然完成了一些我覺得這輩子不可能完成的動作。

我永遠不會忘記教練有一天突然跟我說：「好，我們下一個動作要做伏地挺身。」我說：「你對我有錯誤的期待。」（我真的很愛跟教練討價還價）他說：「我叫你做你就做。我已經訓練了你半年，我知道你什麼做得到，什麼做不到。」我心想說我都不相信我自己能做得到的事，你怎麼能夠相信我做得到？而當我第一次把自己 push up 起來的時候，我記得那種不可思議的感覺：原來我已經可以這樣運用我的肌肉了！原來我的背肌、手臂、核心，已經可以支撐到我去完成一個，我覺得我這輩子都做不到的事情！

那種喜悅太棒了，原來我的人生也可以這樣。

這項運動我持續做到了現在。雖然每次還是會伴隨著痛苦，但是我意識到一件事情是，原來我的身體最好的狀態是五十歲之後才開始，這對我來說是太棒的獎勵！很多時候我們對於年齡有許多的想像和限制，人們會說你已經五十歲，很多事情不能做了，或者說你已經不再年輕，接下來就是不可逆的「退化」與「流失」！但是我年輕的時候根本就沒有好好用過這些肌肉啊！我的教練說：

「所謂身體走下坡，可能是針對那些頂尖的運動員，因為對於某些運動來說，或許二十幾歲是他們最巔峰的時候，那候他們的頭腦跟身體的連結，他們對於某種運動的了解，以及爆發力、肌力耐力或是體力都處在一個最頂尖的狀態，所以他們才會說出巔峰不再這種話。」

可是我們大部分的人根本都還沒開始啊！

對我來說，我如果認為我身體的巔峰是五十歲才開始的話，就會有一種我五十歲之後能完成更多事的那種理解跟篤定，而這個明白對我來說非常的重要，因為大部分的時間，這個世界都告訴我們「因為」你到了某個年紀，「所以」你就不能再做什麼事情。

但是現在的我覺得，我不會再受這個制約影響了。因為我知道，我隨時隨地都有可能，開啟我的任何一種可能性，而那種可能性是以前別人覺得我不行，於是我也默默接受了這樣的制約，放棄了隨時都有可能重塑自己重新開始的這個想法。

就好像有天我突發奇想跟教練說：你覺得我有可能去攀岩嗎？說完我摀著自己的嘴巴不敢相信我剛剛到底脫口而出了什麼！那一刻我有種鬼上身的感覺，這是我一輩子都沒有過的念頭啊！他瞪大眼睛看著我，說不管你最後有沒有真的去嘗試，但你要記得這一刻，你已經不是過去的你了，你可以挑戰任何可能。而前一陣子跟家人出海去玩的時候，年輕人玩起時下流行的「快艇衝浪」，一開始我也是躊躇不前不敢下水，我不會游泳啊！但可能出海前，還在跟同行友人推銷運動的好處，熱血未退的我竟然後來就穿上救生衣嘗試了一把。雖然最後還是沒有成功在衝浪板上站起來，但我微笑地在心裡跟自己說，曾寶儀你真的很棒！太痛快了！

那個信念不只是你對身體的運用，你與這個世界的關係、你對情感與人際關係的理解、溝通能力的提升，不再因為年齡而受到局限，你隨時隨地都可以重新開始，成就你生命的巔峰。我覺得這個禮物非常的珍貴，我會不厭其煩地跟大家分享，以至於有時去演講大家會誤以為我變成健身代言人。但它是我真真切切的體驗，雖然我花了一年以上的時間才明白，可是我覺得再也沒有比投資在自己身上更值得的事情。

有些人可能認為投資在自己身上，就是吃點好吃的東西，買好看的衣服，買好看的包，或者是去旅行去上課增加體驗。這些可能都是。但是現在對我來說，我對我自己身體最好的投資之一，就是持續地運動。

我一直到五十歲之前，都覺得自己是運動白癡，而我被運動白癡這四個字制約，被我過去的經驗制約。我小時候總是會暈倒，因為我有地中海型貧血，每次朝會只要校長講久一點，同學就會往我這裡看過來，看我什麼時候要被扶到保健室。我在任何球類運動中總是最倒楣的那一個，球永遠知道恐懼的我在哪個方位，如果是壘球、棒球之類的東西，觸身的永遠會是我，加上我始終覺得我的眼跟手都不協調，因此每次我要把球投回去另外一個方位的時候，我心裡面想著它要去左邊，但球永遠會去右邊。連去日本的神社參拜，有時裡面會有那種很大的注連繩，希望願望實現的話，就把銅板扔進注連繩，完成的話許願就會成功。屢試不爽地，就是所有人都已經好整以暇地完成任務打算離開，只看到我一人還在那奮力投擲，彷彿神明不接受我的託付。所以！我一直都覺得我就是個運動白癡！

但是運動有很多種，你跟你自己身體的相處方式也有很多種，我不應該因為我在球類方面的挫折而局限了我對自己身體的看法。我應該要開發出我跟我自己身體的相處方式，這是我的體驗，我的成長。在那個過程中真的有很多很愉快的地方，包括我的確做出了一些我從來沒有想過的，像是引體向上、伏地挺身等動作。而當我那些從來沒被使用過的肌肉被使用時，我很清楚地意識到我的肌肉在跟我說：「Nice to meet you!」那個身體的對話是很真實的。那天甚至在交替做不一樣的訓練時，我可以感受到臀部的某個肌肉在對旁邊說：「這個動作輪到你了！」

我也曾經做到那種把我身體最後一滴力氣榨乾的動作，榨乾到我躺在地上然後眼淚不由自主地流下來，可是那個眼淚不是很痛苦的眼淚，而是那種「啊，我總算有這種體會」的眼淚，就是終於走到這裡的那種體會，很美好。然後是最近，我開始感受到專注的寧靜。

有些動作做起來其實是在挑戰極限的邊緣，在那當下，我無法偷懶，無法靠北我的教練為什麼要這樣對我，我必須要心無雜念專注在每一次發力的念頭，專注在發力後全身肌肉連動完成動作的過程。完成之後發現，剛剛在做的過程中，沒有別人，沒有雜念，只有自己跟身體合一的感覺，相當神奇。我在想，有時書上會說那些頂尖的運動員，在跑步在比賽或訓練的過程中，會進入一種「zone」的無我境界，雖然我並不頂尖，但我似乎也在過程中與寧靜相遇，成為寧靜。

儘管這不是我在決定開始堅持運動這個習慣時會預想到的體會，但在過程中，我的確一次又一次地發現自己的可能性，好好玩！

所以我建議大家，不論如何尋找，都應該找到一種運動方式，能夠更好地與自己相處。這樣的投資是非常值得的，因為身體會真誠地回饋你，而這樣的投資會有豐富的回報。嗯，意想不到的回報。

6 You're more than this.

在自我成長道路的學習上，我深深明白身心靈這三個範疇相互連結，彼此影響，若是只著重單一領域的學習，最終無法達到中道的平衡。也因為大量涉獵這方面的書籍與課程，我對各式各樣能相互融合的療法有著極大的興趣。身為好奇寶寶的我，總是欣然拿自己的身體來做實驗，雖然我沒有什麼明顯的身體上的問題，但如果我體驗過覺得有用，以後只要身邊的朋友有類似的症狀，我就可以把他「轉診」到我信任的治療者處。

偶然間我在李嗣涔教授的書上看到南氏去敏法的介紹。簡單地說，這是一種能量療法，不需藥物也不用侵入性治療，二十四小時即可去除過敏原。說得這麼厲害我當然想去試看看，但總是掛不到李教授書上提及的醫生的診。後來有人推薦我坊間也有別的醫生在做，但因為過程實在太痛苦（我痛到診所最後不得不把鐵門拉下，因為我一直在慘叫，得先讓別的病人離開後，再讓「要面子的淚流滿面的女明星」緩慢走出診間），所以遲遲無法篤定地說這療法真讚，適合每一個人。直到我有個朋友一直有免疫系統的問題，還因此去國外學了很長一段時間的食療，她介紹我另一個做南氏去敏法的地方，我再三確認這次不會痛後也就去見識了。

那是一對父子檔，爸爸處理身體上的症狀，兒子處理心理上的。其中最吸引我的是，他們認為單是處理過敏原只是治標不治本，應該找出最根本的問題：「為什麼」你的身體會有過敏反應？針對源頭處理，這樣才能一勞永逸。要不然你解決了花生，過敏原有可能轉變成海鮮，難道要一直打怪嗎？

他曾經幫我處理了一些滿有意思的東西，比方說妊娠毒素，這很有可能是母親在懷孕的過程中，無論是情緒上或是真的有些有毒物質，透過妊娠的過程傳給了你。雖然這樣的過敏源頭並不是真的這麼顯而易見，但我覺得這個理論相當有意思，所以前後大概去了五、六次，每次都當是一種學習長見識。直到爸爸覺得身體的部分處理得差不多，才把我轉到兒子那裡看診。兒子是一個比較有靈感的人，他的做法是感應一句話，或一個畫面，你就循著那個訊息去尋找是不是問題的來源，然後他也會幫你確認你從記憶中找到的東西。

我每次都在他兒子的診間痛哭流涕，感覺那個房間裡的衛生紙大部分都是我在用的。我永遠不會忘記有一次去的時候，他突然說了一句：「你不愛你自己。」我馬上就說怎麼可能！我有夠愛我自己，我都出了一本書叫《人生最大的成就，是成為你自己》，我怎麼會不愛自己？但最後我還是痛哭流涕地離開。我得承認啊，承認那個不愛自己其實是一個非常深的、不接受自己應該要活在這個世界上的歉意。

即使我沒有記憶——沒有意識上的記憶，但是我潛意識記得——覺得我可能給大家添麻煩了，我可能不應該在這個時候來到這裡，我不是受歡迎的孩子……我沒有想到那影響我很深。如果沒有解決，有時我就會骨子裡覺得自己沒價值，常常覺得自己做得不夠好，或是我不屬於這裡。那次的治療不管是透過所謂的能量或是訊息，甚至只是單純地把它當心理諮商，我都很篤定地告訴我自己，我不需要再被這個潛意識的想法制約了，光是能得到這個身體來到這個地球上體驗，就足以證明我是備受祝福的，我無需再證明自己值得，我已經值得了！

我記得當下其實還閃過一個念頭，就是如果我再往下問，是不是就會知道是誰造成這些潛意識或所謂創傷的。但連一秒都不用，我馬上就放下這個念頭了，我不想再為這齣戲添柴搧火了。是誰讓我變成這樣的對當下的我來說一點意義也沒有，我的目的是更清爽地過往後的人生，我不需要更多的理解、和解療癒跟為什麼，只要義無反顧地往前走就好了。所謂的原諒對我來說毫無意義，因為誰曾經對我做了什麼不重要，重要的是我接下來要怎麼過。我不需要那句對不起，與其花時間讓別人明白他們錯了，還不如把力氣花在我要好好過。

這幾年演講的時候，有非常多人詢問我跟原生家庭的問題，比方說大家都會很想知道我是怎麼跟我的父母和解的。雖然我後來根本也不覺得那叫和解，但我知道可能很多人一輩子都在跟這個課題拉扯。而我漸漸明白，有時我們會覺得自己跟父母間有一些問題，是因為我們對他們有過度的期待。我們希望他們成為某種父母，而他們如果不是那種父母，我們會很失望。

這裡先暫時撇開父母曾經給我們造成的創傷。

很多時候我們跟人會有衝突，是來自於我們對他人有不當的期待。尤其是對我們的父母：你應該要愛我啊！你應該要對我好啊！你應該要更寬容啊！你為什麼不接納原來的我啊？坊間說的無條件的愛在哪裡呢？……我就算已經活到五十歲了，還是會期待我的父母更開明更有智慧更表裡如一，但我知道我想太多了。

於是這個期待，造成的是我的困擾。他們本來就是這樣子的人，我為什麼要為他們本來就是這樣子的人跟他們生氣？最妙的是，我們一堆家人朋友圍繞著他們，卻只有我會被激怒，因為只有我在意這件事，只有我在意我的父母是不是稱職。我為什麼要成為那個最嚴苛的人？我為什麼要讓自己成為最痛苦的那個人？我為什麼不能像旁邊的人說的那樣：「就是這樣啊，不是早就知道了嗎？」我為什麼不能跟我自己說，他不就這樣？不是早就知道了，我為什麼不能接受這件事而不斷地折磨自己？

而如果我不能接受我的父母是什麼樣的人，我也不會接受我自己是一個什麼樣的人。它是一體兩面的。當我對他們有不當期待的時候，我對自己也會有不當的期待。如果我能夠讓他們如實地做他們自己，就像繞口令般，同步地我也讓自己如實地做我自己了。在我不斷地用嚴苛的眼光看待他們時，那個眼光一定也會看向我自己。我是不是做得不夠好不值得被愛？但我不想再這樣對答案了。換個角度來講，就是承認，我也不是一個一百分的女兒啊！他們不是聖人，就如同我也不是聖人是一樣的，那為什麼我們不能放過彼此，放過他們就是放過我自己。再說了，如果我想要得到父母的疼愛，我疼愛我自己就好了，我可以成為我自己的父母，好好照顧我自己。

愛自己不是你給自己吃了多好吃的東西，或讓自己去了多貴的旅行，而是很深層的、要肯定你自己的「我是因為被祝福而在這裡」。那一次在診間哭完之後，我不敢說完全解決了這個問題，因為它平常不會攻擊我，只會在非常關鍵的時候，表現為突然的自我意識脆弱、自我懷疑到極致，然後，就把我KO了。

但現在我明白，當它週期性出現的時候，我不會任由自己泡在那個泥濘裡面，大概過了一、兩天，現在甚至不需要過夜，我自己就會想辦法慢慢爬出來。我不需要再當被害者了。

至於創傷，我沒有要否定它的存在，但我選擇往前走。每一個當下我都選擇重新定義自己，拿回自己生命的選擇權。選擇回到自己身上，因為這一切真的跟別人沒有關係。光是願意承認跟別人沒有關係、每一個當下我都願意為我自己的人生負起全部的責任，就已經得到了非常大的勇氣了。

不是每個人都有勇氣說出那一句：我願意為我的人生負起全部的責任。我覺得每一個人都可以這麼做，你比你想的還要更勇敢。大部分的人沒有辦法回過頭來看我自己出了什麼問題，所以把問題都怪罪到別人身上，彷彿這樣就可以不用負責任，不用再想自己的問題了：我沒有問題、都是別人的錯！這的確讓很多人都過得相對輕鬆，表面上的輕鬆。但是你沒有解決最根本的問題，因為永遠有別人！而在我看來，只要你解決了最根本的問題，就算來了一百個別人也不關你的事。誰有能力做出這樣的決定？只有你自己。

只有你自己有能力去決定別人能不能夠傷害你、有沒有辦法侵犯你的領土——是誰劃了那個領土在那裡？你的領土是無限大呢還是這麼小？你以為把自己的領土劃得很小，你就很安全，因為已經小到你彷彿覺得可以了吧？我這樣顧就夠簡單夠安全了吧？殊不知只要有人踩進去，你的反彈會更大。

但你其實根本不用劃那麼小。

You are more than this.

與寶藏同在的練習

練習 01

隨時問自己「你在這裡嗎？」

你在這裡嗎？

這是我在靜心的時候，常常會問我自己的問題。因為靜心的時候，常常腦子會跑到天涯海角。一下想著待會吃什麼，一下又開始擔心明天的工作是不是會順利。當我開始覺察到「咦？跑掉了！」我就會繼續靜下來回到當下，回到我在的地方。

靜心其實一點都不難，你可以先從觀照呼吸開始。因為觀照呼吸是最基本、最簡單的方式，可以迅速地把注意力回到自己的中心，回到一個很細節的器官，每個人都能夠做到，只要活著就能練習。就算腳不能動、手斷了，行動不方便，還是能夠觀照呼吸。

所有的體驗，都是從自己的身體開始，所謂的「眼耳鼻舌身」帶來的五感。如何與身體緊密連結，是我這些年想要做的功課。

與身體連結有很多方法，透過運動，透過覺察，而這一切，都從心開始。

我一直都非常想要推廣靜心，因為我自己在這過程當中的實作，得到非常非常多的體悟，所以我會在不同的場合、不厭其煩地跟大家說明「靜心」的好處。也許很多人會對靜心有種約定俗成或先入為主的觀念，覺得靜心就是跟宗教有關，或者是靜心就是要打坐很久，腳會很痠很麻；又或者是為了追求某種神通，才會去靜心。

但對我來說，靜心其實很單純。很多人誤以為，靜心跟宗教有關，這是因為有些走得比較前面的前輩，的確在靜心當中得到非常多的好處，這些前輩剛好又屬於某些宗教體系，所以很多人會覺得靜心＝打坐＝宗教。

可是靜心不僅止於佛教而已。我畢業於天主教的學校，天主教學校的活動中，會有所謂的僻靜（或避靜），這也是另一種形式的靜心。我雖然沒有實際參加過，但是據我所知，僻靜其實也就是在一段固定的時間裡，斷絕一些跟外在的連結，讓自己能跟自己好好相處。表面上看起來似乎是非常硬性的儀式，但實際上，你跟自己相處的時候在做什麼，也只有你自己知道。這種方式其實就是想要透過靜心的過程，讓人不斷地往裡面看，不斷地把腦海中各式各樣的雜音沉澱下來。

隨著訪問的人愈來愈多，我發現大家都找到了屬於自己的靜心方式。有的人需要的是動態靜心，有的人透過專注地運動或是藝術創作來靜心。就好像曾經在美國魯保羅變裝皇后秀得到冠軍的妮妃雅說，製作衣服時的貼鑽對他來說是靜心；我的演員朋友林嘉欣說她也會在做陶藝的時候靜下來照見自己。就跟運動一樣，你可以試著探索最適合你的靜心方式是什麼。

我現在能夠很清楚地分辨，當天早上有靜心跟沒有靜心，那一整天的品質其實是有差別的。一開始的時候，我是在當天有重要行程的早上靜心。一方面這是我對這項工作的尊重，再來就是我想要用比較清明的頭腦，來面對今天即將發生的事。時間可以長，可以短，不需要有制式的限制。

後來當靜心變成習慣的時候，我開始觀察到靜心的好處體現在方方面面。比方說有時候必須參加某些飯局，同樣都是與人聊天交際，但我現在可以很清楚地感覺到，這兩種狀態是不一樣的。如果在沒有靜心的狀態下，我與一群人相聚，會非常地深度涉入，我會把所有事情當成是我自己的事情，當然某個程度上來講，那是很好玩的過程，因為那表示你參與這個遊戲、玩得很熱絡，在其中我會很努力地敘述自己真正的想法，會想要說服對方，讓對方贊同自己。遇到某些狀況，也會很義憤填膺，甚至打抱不平地說：那個人實在太王八蛋了啦！

可是通常我靜心之後再去參加某些聚會，就會發現我還是會在那裡，但不會那麼受情緒影響，不會被情緒控制，也不會把自己放得很大。有時候我會把自己情緒放很大，是很怕自己沒被看見，所以不管是在團體中的發言，或者是想要說服別人，又或者我想要分享一些訊息，顯出我是資料收集很迅速的人，我是情報資訊中心。我會下意識地想要表現我什麼都知道，渴望得到他人的認同。

可是當我有靜心的時候，在聚會中我通常就是扮演一個單純只是「在那裡」的角色。我不會輕易地對朋友的言論做出批判，會非常寬容地明白，這就是當下他的處境，這就是他選擇的價值觀。那就是他的生活，而我無須把我的價值觀加諸在他身上，只要他開心。

或許因為我是家族中的長女使然，我很容易把自己人的事都當成自己的事。我會像動物一樣，劃分我的勢力範圍，當我認為這些人屬於我的勢力範圍時，就會覺得這些人的問題都是我的問題，所以我會很希望其中每個人都要好好的。但，到底什麼是好好的？當我的心不夠清明的時候，我會把那個界線劃得非常地模糊，或者是不小心就越過那個界線。即使是家人，有時候也有些界線是不好輕易越過的，可是當我的腦筋不夠清明的時候，我就會很慣性地扮演我平常扮演的那個角色。

但當我有品質好的靜心時，我就會明白，每個人也都只是走在自己選擇的道路上而已。於是我可以非常愉快地在裡面做我自己，不是姊姊，不是長輩，不是擔心別人過得不夠好的那個人，我就是很單純的我自己，而我的存在就已經足夠給予支持，我相信我有這樣的力量。有時候，我會覺得好像必須要說點什麼，好像必須要付出什麼，才會覺得我有提供支持。可是事實上，當我人在那裡，就是很棒的支持了。

我覺得在靜心之後，那種清明會變得很透澈，所以我很喜歡靜心過後我的生活品質，因為那會讓我很輕盈。即使跟他人相處時，我心裡還是會思考對方現在處在什麼處境、為什麼會選擇待在那樣的處境，但我是不是要開口去說些什麼，去指正或評論，已經變得沒有必要了。因為我已經完全理解，每個人都只是走在自己的人生道路上而已，於是那個過程會變得非常地愉快，我也很喜歡處在這樣自在的狀態。所以我覺得靜心之後，那一天都會過得相對輕鬆，我的人會比較沉穩，比較在當下，而且更能覺察。

不管是靜心，或者是跟家人、朋友相處也是一樣。我常會問我自己，我現在在這裡嗎？這個問題會不斷地提醒我回到這個當下。

跟家人相處的時候，你真的在那裡嗎？還是你在滑手機？跟朋友相處的時候，你還在想工作的事情嗎？你有專心聽他們說話嗎？靜心的時候，我在想的是待會開會要聊什麼，還是其實在靜心的當下，就應該跟我自己好好相處？

你現在在哪裡？你在這裡嗎？其實是很好的提醒跟疑問句。

在《致富心態》這本書裡面有一段話，讓我深有同感，就是在這個世界最有價值的會是時間。誰是最富有的人？能夠自由支配時間的人，才是最富有的人。「更加掌握自己的時間和選項，正成為世界上最有價值的一種貨幣。」不管銀行裡面有多少存款，但是如果你的所有時間都被人緊緊抓住，你要去哪裡都是被別人控制、被別人安排好的，都是由你的祕書來處理，那你並不是最富有的人。

時間就是最珍貴的，money can't buy love and time。而也因為時間最珍貴，所以你願意把時間花在哪裡，那就是重要的事情。你在哪裡，時間就在哪裡，你的意識在哪裡，你的時間就花在哪裡。比方說，如果我現在決定我的意識在這裡，我現在在做的就是對我來說此刻最重要的事情。

我現在已經不太去參加一些不想去的應酬，因為如果你坐在那裡，但心思不在那裡，為什麼要去那個地方？有時候我真的覺得不如在家裡不斷地轉 youtube 頻道，看一些有的沒的，讓自己放電、放空、放鬆，然後好好睡覺來得更愉快。那一刻我是真的覺得很富有。因為我真的選擇了我想要的生活，並「安然」把時間花在那裡。

當你開始意識到這件事情的時候，你花的每一秒都會非常值得，沒有浪費、沒有虛度，沒有下意識的行動。即使別人看起來像是虛度時光，別人覺得沒有累積、沒有賺到錢，例如他可能看到你只是重複地跟小孩玩溜滑梯，孩子像倉鼠一樣，不斷地爬上去溜下來，哪裡也沒去。但不是這樣的，小孩很高興，你得到小孩的笑容，他得到你的陪伴，這段時間永遠不可能重來。

真正的修行不是你能在蒲團上坐多久，而是你如何面對每一件來到你面前的事。靜心讓我能更專注地回到當下，回到那個我真的在的地方。

練習02

與自己的身體同在

開始的時候，請做一個深呼吸。

當你吸氣時，你能感受到空氣進入身體

讓你哪個部分鼓起來了呢？

當你吐氣時，你能感受到空氣離開身體

讓你哪個部分消下去了呢？

你能感受到空氣從鼻腔進入氣管然後到達身體的角落嗎？

仔細地想一想，你現在可以感知到你的身體嗎？

你可以感知到你的頭髮是黏著你的脖子呢？有點翹呢？還是有點油開始有味道了嗎？

你可以感受到，如果有風吹過來，它吹過睫毛的感覺是怎麼樣，你有感受過你的睫毛嗎？

你可以舔舔你的嘴唇，感覺它是乾的，還是濕的嗎？

你的肩膀現在是鬆的，還是緊的呢？

如果是緊的話，你現在可以再感覺一下，讓它鬆下來嗎？

你的脊椎是直的，還是彎的呢？

你現在是躺在沙發上，整個人是斜的，還是你坐得很正，背脊很直，你的中軸也頂天立地呢？

如果你是坐著的話，你有好好平均把你的體重分落在你的坐骨嗎？

你的腿有好好支撐著你嗎？

你的手呢？你的手現在是熱的，還是冷的？

你的四肢是不是有點冰涼，還是其實你是溫熱體質的人？

還有很多很多這方面的問題，你可以問自己。

如果你未曾問過，可以從現在開始提問。

從這些問題開始，感受與你身體同在的感覺。

你有跟你的身體在一起嗎？

你知道無時無刻，你的身體都支持著你做每一件事情嗎？

不論是你在思考，你在吃飯，你在走路，你在工作，你在苦惱，你在快樂，你在悲傷，你在睡覺，你的身體都與你同在嗎？

你有曾經好好謝謝它陪伴著你，從你呱呱落地來到這個世界開始，而且直至你離開這個世界的最後一刻嗎？

你一天花多少時間去意識你是一個有身體的人？

大部分的時候，其實我們都是生病了，才會意識到，嘿，我們是有身體的耶，因為我們牙齒痛了！喔？原來我有牙齒；嘿，我喉嚨痛了！原來我有扁桃腺；我胃痛了，原來胃在那裡。或是，啊，我扭到腳了，我沒辦法好走路，每走一步都在提醒我，腳不舒服，原來能理所當然地走路是一件這麼幸福的事。

為什麼要等到生病了才意識到身體的存在？

為什麼沒有在每一天多花一點點時間，去想一想，或者是去感受一下，今天你的身體好不好呢？你好不好呢？

你有感受過當你開心、不開心、憤怒，或者是悲傷的時候，你身體的哪一個部分會特別有感覺？是胸口嗎？是太陽穴嗎？是肩膀嗎？是你的背嗎？還是你的腰呢？

你有感受到你的憤怒都是來自於你的身體哪一個部位，或是停留在哪一個部位呢？

你有好好跟你的身體同在嗎？

如果身體是我們最真摯的、至死才渝的好夥伴，那你有好好對待它嗎？

每天都花一些時間與身體同在，明白你的身體不只是各零件的總和，你的關節不是螺絲釘跟螺絲帽的組合。

你的身體有很特別的循環系統，有的時候你感覺到手痛，但其實不是手出了問題，而是你長期沒有好好照顧你的背，問題藉由手痛顯現出來。

你有意識到你的身體是一個整體嗎？

你明白你的身體是你來到這個地球最珍貴的禮物嗎？

你有好好了解你身體的每一個特性嗎？

不管你是大眼睛、小眼睛、皮膚黑、皮膚白、高的、矮的、胖的、瘦的，你有好好接納你自己嗎？

你有好好接納你的身體嗎？

與身體同在帶給我非常多的喜悅，還有感恩。

當我真的跟它們在一起的時候，我會好謝謝它們。

我會好好謝謝我的腳。

雙腳太辛苦了，不管是要站、要走、要跑，它都支持著我全身的重量。

我希望我不要太胖，不是因為胖不好看，而是因為那會增加腳跟膝蓋的負擔。

我希望我能讓我的下半身多一點點支撐的力量。

我希望我能對它們好一點，因為我真得好好謝謝它們。

我謝謝我的手。

如果沒有它，很多事情我都沒辦法做。

當然我也謝謝我的眼睛。

因為有眼睛，我才可以看看這個世界的美好，我可以讀書，我可以看見我愛的人的表情。

我謝謝我的耳朵，讓我聽到各式各樣不同的聲音，不管那是來自大自然的聲音，還是來自人工的聲音，那都是我現在存在的這個世界很真實的展現，我就是每一刻都被不同的聲音、被這麼多的聲音圍繞著。

這份感謝名單如果要繼續寫下去，也許整本書都寫不完。

但是我希望大家能夠從這一刻開始，與你的身體同在。

與你的身體同在。

練習03

與自己的情緒同在

你有想過，「情緒」是你嗎？

這是個很有意思的問題。用英文來解釋可能比較容易理解：我們常常會說，我很快樂。英文會說 I am happy，我是快樂。可是你是快樂嗎？還是你是你，快樂是快樂，只是你在快樂的狀況？

I am happy.

I am in a happy situation.

換了一種語境，就更容易明白，其實你並不等同於情緒，情緒只是你對某些事情的反應，對這個世界的反應。同樣的事情發生在不同的人身上，可能會引發快樂，可能會激起憤怒。當一件事情發生，周遭的人可能都已經氣炸了，但你可能會大笑，因為你看出其中的荒謬跟幽默之處。同樣的事情發生在不同時期的你身上，你可能也會做出不一樣的反應。因為你也不是當時的你了，那些像地雷一樣讓你一觸即發的引信，可能因為成熟可能因為理解可能因為你早已被療癒，即使是同一句話同一個情境，也無法再引起任何波瀾。

所以你是你的情緒嗎？如果不是，你有試過退一步看看，自己如何受到情緒影響嗎？

通常我們會欣然接受快樂、幸福、滿足等等正向的情緒，無所質疑、無須反省。但是對於負面情緒，我們常常試圖擺脫，而當我們想要擺脫負面情緒，就表示我們已經意識到這樣的負面情緒並不等同於我們自身。

光是意識到情緒並不等於你，你就已經做出選擇，而不會受限於負面情緒產生的種種影響。你不會只用一種「我沒有辦法，我就是會難過啊，我就是會生氣啊」的態度，告訴自己：你對這件事情無計可施，無路可出。你清楚知道，你不等於你的情緒。

並非要否定負面情緒的產生，然而，我們可以再往裡面看，那樣的情緒中到底還有什麼？因為會引發情緒，必定是與你有關的事，不管引發出快樂或是憤怒，還是悲傷，種種情緒的產生，一定與你有關。

比方說，我的同事非常不喜歡周遭開車的人沒有禮貌。像是明明號誌已經轉為綠燈，前方車輛的駕駛卻不往前走；或者是如果有人逼他的車，他就會想盡辦法再逼回那個人的車。每次他這樣做的時候，我都會覺得很有趣，因為不是每個人都會有同樣的反應。

很多人都說，人只要坐上駕駛座，就會完全變成另外一個人。本來很溫和的人，可能變得很暴躁、容易憤怒。但是，如果你心中原本沒有憤怒的存在，它到底從何而來？你為什麼不能容許別人犯錯？為什麼對你來說，馬路三寶的存在感強烈到你得用憤怒去證明他們很重要？你可能會說：那是因為他可能會影響周遭的人的安全，那可是人命關天的事！那有沒有可能你無需動怒，只要提醒，讓大家都能行車安全，中性地處理這件事呢？

你的情緒反應，就是證明這件事情很重要的展現，對你而言，那件事有很大的存在感。若你對它毫無波瀾，除了俗稱的EQ高外，也是一種表態：這件事情不關你的事。他好不好，不關你的事，他開心難過不關你的事。他會開車或者根本不會開車，也不關你的事。

但若是你很上心，為這件事情憤怒，為這件事情悲傷，那就關你的事了。當這些情緒出現的時候，你可以試著往裡面看，看看你的情緒為什麼會產生，為什麼這件事情關你的事？假使你說，會憤怒是因為他踩到你的底線，那麼，你的底線是什麼？又是從何而來？是誰教導你的？你是在什麼情況之下，定下了這道不可逾越的底線？是因為小時候你父親也是一個這樣子的人嗎？因為你父親覺得不會開車的人不該上路，所以你承接了這個想法？或者是你曾經被駕駛技術很糟的人深深傷害過，於是就把對那個人的憤怒全部轉嫁到另一個陌生人身上？

原因可能有各式各樣，但是你的確在自己的生命當中劃下了底線。我並非認為人要毫無底線，可是為什麼要在你生活中劃出這樣一條底線，然後只要有人踩了這條底線，你就會無止境地爆炸，甚至影響到身體健康？怒傷肝啊！

原因是什麼？這才是我們面對情緒時候要深究的部分。前一小節，我們才提到跟自己的身體同在，也意識到身體是我們最好的夥伴。如果真的覺得身體很重要的話，為什麼會賭上破壞健康的風險，跟憤怒情緒產生連結？

換個角度來看，情緒其實是機會，開心跟不開心也都是機會，讓你明白你跟這個世界有什麼連結。

跟情緒同在的意思是，不管那是快樂悲傷，或者是憤怒，先別急著否認或抵抗，認出它們，跟它們站在一起。

很多時候，有些人會不想經歷悲傷痛苦的情緒，可能會做很多其他的事情來轉移注意力，所謂的上癮，往往就是這樣產生的。我心裡面有悲傷，我想逃避它，所以利用酒精甚至毒品來麻痺自己的情緒，甚至做很多冒生命危險的事情，殘害自己的身體或去傷害別人，也都是逃避。

但是如果你明白，情緒並不等於你，如果不是你的選擇你的允許，它是沒有辦法傷害你的，你會有勇氣跟它同在，看看它到底是什麼，為什麼會在那裡？在你生命當中，它帶來什麼樣的提醒？那裡有什麼事情，等待你去處理，去面對？不管是開心的，或是不開心的，其實都一樣。

情緒湧上來的時候，就好好地與你的情緒同在，看看那是什麼。還有什麼你不敢面對、暫時沒辦法解決的問題？就算是暫時沒辦法解決，你也知道，那裡有個問題點，而不是讓它無意識地困擾著你。這就是與情緒同在。

面對快樂，也是一樣。當我感到快樂、開懷大笑的時候，我也會看看我自己在笑什麼？有這麼好笑嗎？了解這件事情能讓我感到十分開心，我就像得到了一把鑰匙，當有一天，我想要得到快樂的時候，就可以重複這件事情，獲得快樂。

觀看你的快樂，會得到一把鑰匙。同樣地，觀看你的悲傷跟你的憤怒，也都會得到不同的鑰匙，有時候，我們就是需要這些鑰匙，打開那些在我們心裡面存了很久的結。而當你發現已經打開的時候，真的非常奇妙。即使同樣的人，又說了同樣傷人的話，但是已經不會引發你的情緒了，以前曾經有過的憤怒，就再也沒辦法困擾你。

練習04

與悲傷同在——每個情緒的背後都是愛

「當我們真正能面對自己的情緒，都是一次成長的機會。」

——《蛤蟆先生去看心理醫師》

我總說，目前為止，我人生當中遭遇的最大悲傷，可能就是我爺爺的過世，而當我選擇跟那個悲傷同在的時候，我會發現那裡面不只是有悲傷而已，那悲傷裡面其實還有愛，若不是這麼愛他，我不會這麼難過，不會對於逝去有這麼多的傷痛。所以悲傷裡面，蘊含的不是只有悲傷而已。當你發現，那裡面還有愛的時候，其實那個愛會慢慢地，像無性繁殖一樣，一點一點變大。時間長了，那個愛就會蓋過原先的悲傷。

這是我的人生經驗，我是真真切切走過這條路的。就好像我以前每次去廟裡拜我爺爺的時候，常常還沒走進那間廟，就已經開始哭了。因為我會覺得，好久沒看到他，好想念他，為什麼他不在了？有多少遺憾，我們是沒有做、沒有完成的，為什麼沒有好好跟他說一些話，當他還在的時候，為什麼我沒有多陪陪他。可是當我發現那裡面是無止境的愛的時候，最近這幾年，即使我去了還是會哭（因為我本來就是很愛哭的人啦），可是我已經可以笑著流淚跟他說，今年又發生什麼事了，堂弟要生小孩了，曾家又要多一個成員了，或者是告狀說誰又不爭氣了，像他還在的時候我向他撒嬌一樣；或是有誰去找你了，你在那裡要好好照顧他們。原本悲傷的成分已經逐漸地被愛稀釋了。會有悲傷，一定是因為裡面有愛，要不然你不會這麼傷心、這麼地在乎。

所以我漸漸明白，悲傷是一個提醒，讓你明白那裡面有愛，提醒你看到它，然後讓愛像光一樣地照亮你。

當我還是歌手的時候，認識了一個很好的朋友叫阿怪。他是很有名的詞曲創作家，創作過許多膾炙人口的歌，像張惠妹的〈三天三夜〉就是他寫的。我在剛進唱片公司的時候就認識他，基本上我們是先成為朋友，然後我才開始唱他寫的歌。他是一個非常怪的人，這也就是為什麼他叫阿怪。他對人世間的禮貌、應對進退，是不太在乎的。所以他有時候會突然大聲講話，或者是會一直抽菸，一根接著一根，或者是會很直白地指出旁人有什麼缺點。別人都會覺得這樣也太怪，覺得他沒禮貌。可是這就是很真誠的他。

所以有一段時間，我們兩個交情好到他不只是我工作上的夥伴，同時，也是我私底下深交的好朋友。以前我們家常會有不定期的電影聚會，每次參加的人不少，有時甚至多達十幾個人，而他是我會邀請來參加我的家庭電影聚會的這種朋友。

後來因為他去北京工作了，所以有幾年比較少聯絡。某一天，我記得那天是朴寶劍的粉絲見面會，上臺主持前五分鐘，我收到小燕姐的訊息，說阿怪走了，我整個人腦袋陷入一片混亂。但是五分鐘之後我就要上臺，而且現場是幾千人的歡樂場面。我告訴我自己說，好，先把這個視窗關起來。我上臺進行一個多小時的主持，下臺之後第一件事，就是打電話給以前唱片公司的主管。我問究竟發生了什麼事，前主管就一面哭一面回答，他在北京……就是已經走了。

我在後臺大哭，哭了好一會後，告訴自己不能再哭了，因為再過半小時，還要上臺做粉絲見面會的結尾。於是我擦乾眼淚，補好妝，然後上臺完成了工作。當天回家後，整個人像行屍走肉一樣，吃了宵夜，做了其他平常會做的事。當時的我，完全不知道該怎麼消化這件事。一直到躺在床上的時候，想到我再也見不到這個朋友了，我才大哭起來。那個失落感非常、非常巨大，只要想到這件事情，我就會一直哭、一直哭、一直哭。

一個多月之後，唱片公司的同事，跟他的一些朋友，一起在河岸留言，用音樂會的形式替他辦了一場告別式，既非正式，也沒有對外公開，只有我們自己人。我記得，我到了那個場地，就一直哭沒有停過。不管誰在臺上講話，我就是一直哭、一直哭、一直哭。當天我還要唱兩首歌，他其實幫我寫了很多我很喜歡的歌，但那天晚上我基本上是荒腔走板地在臺上哭著唱完，臺下的大家都是一副了然於心的寬容表情看著我。大家本來都說好，我們要開心地送他走，因為他原本就是一個會很希望他的朋友開心的人，可是我當時完全沒有辦法止住眼淚。

直到幾年後，我主持了公共電視的歌唱節目《姐妹們的音樂萬萬歲》，其中一集的主題是「人生下半場」，邀請了姐姐輩的著名歌手——鄭怡跟趙詠華，請她們唱幾首她們膾炙人口的歌曲，也聊聊人生下半場的體悟。其實我現在也是姐姐輩歌手了，錄影前工作人員問我，寶儀你要唱什麼歌，我想，我要唱〈專注〉。〈專注〉是阿怪為我填詞的一首歌，在他離世後，我一度覺得我不要再唱這些歌，因為我實在太難過，根本沒法好好把一首歌唱完。

在此之前，我記得我曾做了一個夢，夢見他。我在夢裡面還責怪他跑到哪裡去了，他笑笑沒有回答我。但我記得他在夢裡面問我，你為什麼不再唱歌了？我跟他說，你不寫，我就不唱了。醒來後，我才想起來他已經不在了。

當天，在節目中介紹這首歌時，我已經開始流眼淚，因為當年他是在我人生很低潮的時候寫這首歌給我的。他在歌詞裡灌注非常多的鼓勵跟提醒，就像是在我沮喪的時候，一盞指引我方向的路燈一樣。我之所以選擇唱這首歌，是因為我覺得不應該再逃避，我沒有理由不唱他的歌，那是曾經這麼好的朋友送給我的禮物，我怎麼可以不唱？

再來是，我覺得做為一個已經活到下半場的姐姐，也想要傳達，不管你活到幾歲，能專注在每一個當下，是很棒的事。所以我想用〈專注〉這首歌，成為那集我想要送給大家的主題。

果不其然，我站上臺去，一開始還很冷靜地唱，但是每次只要唱到最後那一段的時候，我就會開始哭，可是我很清楚地知道，雖然我還是會掉淚，但是現在會有非常多的感謝跟喜悅，如果我不是這麼在乎這個朋友，我不會一講起這件事情就會哭。裡面有很多的愛與祝福，那是悲傷的時候，眼淚模糊了我的眼睛，讓我不願意往裡面看的。可能也是因為有段時間我真是太生氣了，身為一個朋友，他怎麼可以這麼突然的，什麼話都沒有說就走了。可是事實上，當我認真往裡面看的話，我看見他留下很多很美好的禮物給我。

所以，與自己的悲傷同在。當你感到悲傷的時候，不要用憤怒或者其他想法來抗拒它，要好好地陪著它，勇敢地看著其中到底有什麼？我的經驗告訴我，通常在裡面都是愛，當你看到了，慢慢地，你流下來的眼淚就會是喜悅的眼淚，而不是悲傷的眼淚。

同理可證，如果與憤怒同在，並往裡面看，也能看到愛。

書的一開頭我分享了一行禪師的故事，那位憤怒的美國人心裡何嘗不是愛？那些對戰爭的不滿，不就是對遭逢戰爭的人們的同理與憐憫，對那些不得不拿槍上戰場的年輕人們還有他們的家人感到悲傷與不捨？對這一切感到無法改變與無能為力，只能轉化成憤怒表現出來，但仔細往裡面看，都是愛。

對愛的渴求無法達到滿足，所以生出了各式各樣的情緒來代償，但如果時時能覺察關照，與自己同在，從內心生出的愛與光芒自會長出改變的力量。

練習05

與自己的黑暗面同在

黑暗面只是比喻，因為我們總是很喜歡把很多事情分類，比方說這屬於光明的，那屬於黑暗的；那是好的，這是不好的；那是屬於正義的，這是屬於邪惡的……但是如果把所有的特色都視為中性的話，其實就沒有所謂的黑暗面。

當我們描述一個人的特性，往往會嚮往正向、陽光、正能量、積極、外向、能言善道等等，這些聽起來好像比較好的形容詞。但是我們常常會忽略每個人也會有脆弱的時候，也會有軟弱的時候，也會有忌妒的時候，也會有貪小便宜的時候，不管那是什麼，不管是嚴重或是輕微。

我常常期許自己是個貼心、善解人意的人，我曾經花了許多時間去排除所謂的陰暗面，包括去上身心靈課程等等。但是透過人類圖的分析，我有18－58的批評通道，這個通道的特點就是總能在非常短的時間內看到事情的缺點、需要改進的地方，並且能夠一針見血地指出來。如果我是政府官員，把這項能力跟想法放在公共事務上的話，我就會是社會利益很好的推動者；但是若在人際關係層面，不好好處理就會變成很難相處的人，會成為他人眼中總是不斷評判的人。

我也是花了一些時間才明白，每個人都有自己的時間進程，去面對自己生命中大大小小課題，可是當我看到有人在自己的課題前猶豫遲疑，甚至困在其中走不出來，我會很焦急地想要去提點對方：「你就只差這一步了，你到底在猶豫什麼？你只要繼續往前走，你的人生就無限光明了，為什麼你還看不到？」只是對於他人的感受來說，就容易變成批評和指責。

所以我總是常常覺得矛盾，遲疑著到底要不要將看到的問題點說出口，或者到底要用什麼樣的方式來說，才不會傷害到他人；又或者我應該選擇沉默，在那樣曖昧又幽暗的地帶遊走。二〇二一年底，我在臉書上給自己立了旗，目標是我想要成為表裡如一的人，我不想再跟這種特性抗爭了，我如果是什麼，我就是什麼。我如果看到了，我想說出來就說出來，不要說出口之後卻又每天活在懊悔之中，覺得自己是不是說得太直接了，是不是傷害了他，或者擔心其他後果，我不要再自我矛盾或自我譴責了。

我是什麼就是什麼，不管那是好的或不好的，我不要再「努力」成為一個根本不是我生命特性的人，與其否認或是抗拒，不如先選擇接受，或許我根本沒有自己想的那麼體貼、善解人意。

可是奇妙的事情就發生了，當我立了這支旗之後，即使我依然可以在很短的時間內看到問題的所在，但不講出來，我也不覺得彆扭。以前會有一種不講就是我很壓抑，或是如果看到問題沒有說，是不是就不是盡責的家人或朋友的想法，也總是盤算著要怎麼講，才是最正確的。好累。當我接受了我是一個這樣的人之後，我發現其實不講也沒有關係，因為我內心的衝突已經不見了。我不需要去掙扎，是否我不講就不像我自己，或是我講了會不會傷人。已經沒有這層顧慮了，我想講我就講，若對方發問，我就講，若對方不想知道，我也就沒有非講不可的必要。我也不因此而覺得憋屈。

在我的人生過程當中，總有一些接納自己不完美的那些時刻，包括我有時候會有點懶惰，但是我接納我的懶惰，我認為懶惰是人類進步的動力（如果不是為了偷懶為了效率，哪來這麼多聰明的人發明這麼多東西？）我為什麼不能休息？我的前半生已經用了非常多的時間努力工作著，努力地滿足別人對我的期待跟需要，為什麼不可以休息一下、偷懶一下，沉澱再出發？為什麼不能給自己這樣的空間、為什麼不能接受「對，我就是懶」？（但事實上我自己也明白，不管我有多懶，其實也懶不到哪裡去。）

走過這一段體悟之後，我發現人生真的非常奇妙，當內心的衝突不見了，我跟外面世界的衝突彷彿也消失無蹤。就像我現在也能接受自己是沒有辦法做太多體力活的人。以前我會責怪自己，體力不好，就不是好的主持人。我會用一些非常莫名其妙的要求，為自己訂立標準，彷彿沒有辦法達到那個標準，我就是一個失敗的人。我會不斷地苛責自己，用很嚴苛的方式檢視自己到底還有哪裡做得不好。但是我逐漸接納那些以前自認為不足的地方，發現其實並沒有我想像那樣地糟糕，因而輕鬆了許多。如果體力不好，我就不要去參加像《全明星運動會》的節目就好了啊！一定會有適合我而且只有我做才能發光發熱的工作等著我！我依然會盡全力完成別人交付我的任務，但是我心裡不再有那種壓力，不再因為無法達到一個其實我根本沒有辦法完成的標準而沮喪，我會用更寬容、更輕鬆的方式，跟我自己相處。

當我不會自我譴責，或者用自我矛盾的角度來看待自己的特性，我彷佛也能更加接納別人的存在。

曾經有位長輩，每次跟他說話或相處都讓我心很累，因為我覺得他花很多力氣去挑剔別人，花很多時間說別人的八卦，當時我想因為他實在太無聊了，只有活在別人不夠好的世界裡，好像才能證明自己洞悉一切高人一等。而且一直看著別人的不是，就不用午夜夢迴的時候面對自己的不是了。可是當我接納了我的特性之後，當我在聽他說話跟他相處時，我反而會用另一種方式來看待：「沒有啊，他可能是因為很關心這個世界，所以他得到很多不同的資訊，如果不是因為他關心這個世界，他何必跟別人分享這些事情？」我的批評通道突然之間好像也得到了某種轉化。或者說，那些以前曾經讓我不耐的片段也不再困擾我，他就是這樣啊！如果不耐煩，下次別約就好，去了聚會我又一直在心裡數落他的不是，那我跟他有什麼兩樣？批評別人的時候，也是在用同一個標準在衡量自己啊！

當我發現我可以很優游地跟這些所謂的黑暗面或是缺點相處之後，帶給我的轉化，是我意想不到的。你也可以想一想，你曾經用什麼樣的形容詞，批評你認為自己不足的地方；如果你接納了它，你願意與它同在，而不是不斷地鞭策自己，只在乎自己能不能成為更好的人，就給自己一個練習的機會，你應該看看當你這麼做的時候，它會給你的生命帶來什麼樣不同的改變。至少在我的生命當中，我覺得這個改變很奇妙，而且很受用。

當我如實地接納我有這麼多我以前看不順眼的特性之後，其實我也能夠如實接納我周遭的人身上那些我以前看不順眼的特性。因為我發現，當我能全然地接納自己的時候，我就能夠全然接納這個世界，它再也沒有所謂的好或者是壞這種二元分法，它就是某個存在，它就是某種特性，沒有正或負，只有你要接受或者不接受，你要抗拒或不抗拒。

並非意味人不可以改進，雖然「改進」其實也是一種弔詭的概念，因為有「進」，好像不進就會退，還是有二元的區分，也許我們改用「調整」這個比較中性的說法。一個人當然可以調整自己，但是你是用充滿愛或是恐懼憤怒的狀態去調整它，就有大大的不同了。你先接納了，然後再去調整，跟你很抗拒地去調整，那是截然不同的結果。像我花了這麼些年，很抗拒我的某個特性，也一直都調整不好。但當我發現，我接納了那些特性之後，我就能夠很自在地跟我自己相處，而我也能夠很自在跟別人相處了。

練習06 與大自然同在

我曾經在美國加州跟朋友旅行時，四個女生環抱著一棵差點我們手都連不起來的大樹，接收薩滿的能量。

也曾經在國外拍攝紀錄片筋疲力竭的時候，跟劇組說等我一下，奔向一棵與我有緣的樹，抱著他，請他把我的疲憊帶到地底下，並給予我在這片土地繼續工作交流的能量。

我曾經在南京民國政府的所在地，看著庭院裡的樹，感受他們即使目睹人類的紛擾鬥爭，依然如如不動地以旁觀者的身分靜觀陪伴。

也曾經在日本金澤兼六園的庭院跟一棵大樹聊天，聽他說著不解人類為什麼總是這麼努力想要讓樹長成他們想要的樣子，也慶幸自己不是這裡最受矚目的樹，所以還能悠悠閒閒地活著。

我曾經在印度菩提迦耶佛陀悟道的菩提樹前，不明就裡地痛哭流涕。

也曾經在雪士達山參加靈性之旅時，碰上生活在大樹樹結裡的精靈們跟我們說：「我們是一群無所事事的生靈，活在這個無所事事的森林。人類應該要學會無所事事，感受生命的美好。」於是我們取消了參觀博物館的行程，整團人在森林裡泡溪水睡午覺。

我總是在旅行途中遇到我的動物守護靈，頻率高到遠在家鄉的春花媽會發簡訊跟我說，你的動物有訊息告訴你麻煩收一下。於是我知道我要學習像老鷹一樣用更高的視野看待人生，看待身邊發生的事。同時學會，不需揮翅的時候，能安然自在地翱翔。

更不要說如果我忘了抬頭注意他們，他們會用叫聲提醒我，嘿！我在這裡陪伴你！甚至在我迷路不知道從哪個出口出去時，跟著他們走，竟找到了那間我出發前在網上做功課想吃，但是苦苦找不到方向的現炸可樂餅店。

我在峇里島看過千變萬化的夕陽，因此感受到我是深深被宇宙祝福著的。

也在尼羅河的帝王谷附近坐熱氣球看日出，被神聖的光震懾，心想，如果有神，這便是神。

與大自然同在時，我總是感覺謙卑與渺小。

也明白，能與這麼多奇蹟的存有同在的我一點也不孤單。

與大自然同在，即使只是靜靜地待著，什麼也不做，你也會明白宇宙正

在對著你微笑。

第二部

找回完整的你自己

Part 2

完整拼圖

一

我和我自己的關係

1 那些你沒有意識的事情，最終成為你的命

「潛意識如果沒有進入到意識層面，它就會一直掌控你的人生，最終成為你所以為的『命』。」——榮格（Carl Jung）

二〇一九到二〇二四年，我拍了一部紀錄片叫《交換禮物》。起因是這些年來身邊有太多的親友罹患癌症，我想透過自己的探問與追尋，了解什麼是療癒，療癒身體療癒心理，以及生病的人或是陪病的人還能做什麼。

其中一個採訪雖然無法剪進片子裡，但給了我很多省思。

何導播確診癌症後，聽取兒子的建議，沒有進行傳統醫學的療法，而是

採取潘念宗醫師的方法，用「晨光、夕陽、大地」來維護健康。看著他中氣十足地接受採訪，我忍不住問他，為什麼他會做出在旁人看來「非主流」的選擇呢？他說他兒子多年前在美國就讀大學時，打球摔斷了腿。疼痛不已的他聽說附近有位厲害的中醫，馬上驅車前去求救，醫生啪啪兩下搞定後，要他回學校馬上去操場跑兩圈。他心想，這也太誇張，我腿斷了耶，應該要休養吧！所以不以為意就回去休息了。沒想到回去沒好，他又去找中醫詢問，醫生說，啊不是叫你去跑步！我治好了你，但你也要相信你好了啊！於是他雖然狐疑，在處理後就真的去跑操場，然後真的就沒事了。

我瞪大著眼睛心想，這故事也太離奇，但何導播說，就是因為兒子曾經有過這樣的體驗，所以他明白，這世上其實存在著各式各樣的可能性，所以他對各種療法的態度很開放，便接受了他最喜歡，也認為最有幫助的那一種療法。

另一個在我生命中比較遺憾的故事是，我有個朋友得了A型流感，其實只要吃克流感就能治癒，但從不吃西藥的他，沒有去看醫生，而是用自己的方式休養，三天後就走了。收到消息的我無比震驚，他還好年輕啊！為什麼？為什麼會發生這樣的事？不應該啊！

說這兩個故事不是要為任何療法背書，而是我逐漸明白，其實不存在那個silver bullet萬靈丹，沒有一種療法是放諸四海皆準萬試萬靈。但你會選擇什麼樣的療法，其實在你過去的生命裡早已種下種子。不管是傳統醫學，或是完全不做侵入性治療選擇另類療法，都取決於你過去遇到什麼，「相信」什麼。

再好的醫生或療法，如果你不相信，或是這樣看待身體的信念並不存在於你過去的經驗裡，即使來到你面前，你也會視而不見。所謂的業力不是單純的善有善報惡有惡報，而是你生命中的每一個學習每一個決定，終將引領你走向必然的結果。

明白這件事後其實我心裡很釋然，以前如果身邊有人生病了，我會想盡辦法希望他們「好起來」，威脅利誘，甚至如果他沒有聽我的建議我會動怒，心想，你根本沒有想要好嘛！但走了這趟旅程，我明白，每個人都有自己的人生進程，而我做的，只有陪伴，並尊重他們為自己生命做的選擇。

你為你的生命做的每個選擇，終將成為你的命。

2 沒有所謂的好跟壞，只要你是有意識的

對我來說，其實沒有「好的選擇」跟「壞的選擇」這樣的差別，使用「好、壞」這樣的措辭就表示了某種價值觀。現在的我已經不會說那是好的選擇，或是不好的選擇了，因為我覺得每個人做的選擇，就是他必須走過的體驗，如果大家都能這樣想的話，就不會有那麼多的後悔。因為你做了選擇，你承擔選擇的後果，你在裡面得到回饋，然後繼續往前走，就沒有好跟壞。你為什麼會做那個選擇？一定是有一套你自己原本的設定，或者是你的思考模式讓你走出那一步，不管你是被情緒驅使，或者是直覺，又或是在家族教育下培養出來的慣性，不管是什麼，總是有一個路徑，絕對不會無中生有地

做出某些不可能屬於你的選擇。

可是當你做了某些選擇，發現自己沒有辦法承擔後果時，反過來看，那樣選擇的後果就給你非常好的學習機會，你可以在這之中更加了解自己，而不是事後抱怨自己為什麼那麼倒楣？為什麼沒有想清楚？為什麼會沒有看到那裡有個 bug，沒有看到那邊有陷阱，還直接踩進去？

說穿了每個選擇，其實都只是體現了你是一個什麼樣的人。

如果每一個人都能夠在做了選擇、看到後果時，意識到其中的意義，這樣所有選擇就都是對的。

首先，你至少會跳過一個非常關鍵的點，就是自我譴責，也就是所謂的「內耗」。很多時候我們之所以會否認事實、自我譴責，然後讓事情變得更糟，主要是因為我們沒有意識到，所有這些過程最終只是為了讓我們更接近自己。因此，我們可能會犯下在他人眼中看似錯誤的行為。但如果我們能視他人眼中的所謂「錯誤」，只是一個讓我們更靠近自己的契機，給我們一個「修正」的機會，那好跟壞就沒有絕對。

如果你能夠完全看清楚，首先就能夠擺脫自我譴責的束縛，回歸到真實地接納自己是誰，接納自己的本質。僅僅是能夠誠實地接納自己、了解自己是什麼樣的人，並與自己和解，這已經是人生中重要的一步。

能與自己和平相處時，人生也會更加順暢。當你內在沒有衝突，與外在的衝突也會減少。外在的衝突常常只是一種提醒，告訴你內在存在著某種不和諧。當這種提醒出現時，你是否能夠看見、是否能夠正視內在的衝突？但這些提醒，你是否有真正看見呢？

當我內在沒有衝突時，就算有人指著我罵，我也會感覺那不是針對真實的我。因為他們罵的是他們眼中的我，而不是真正的我。我為什麼要對他們解釋，畢竟他們看到的只是他們的觀點。就像穿了綠色衣服的我，有人卻指著我說我穿的是紅色，我為何要辯駁呢？或許他們是色盲，他們的眼睛看到的確實是紅色，而這樣的視角並不代表真實世界。我以前是個很講求「正確」的人，被別人誤會也總是覺得很委屈，看電影的時候如果主角受到冤屈或被誣告，那些情節對我來說會像恐怖片一樣驚悚與折磨。

曾經發生過一件很荒唐的事：有次我在大陸拍戲時，跟內地的演員聊起《憫農詩》，我說：「誰知盤中『飧』，粒粒皆辛苦。」他說不對，是「誰知盤中『餐』，粒粒皆辛苦。」我跟他吵到面紅耳赤，最後還哭了！現在回想起來真是荒謬至極，我都不知道我在捍衛什麼，硬要對方覺得自己才是對的。但事實上，不管是兩地教科書教得不一樣，甚或往前推，古籍裡的確也有不同的寫法，就是這句詩來到我們面前的方式不同，所以我們相信的內容就會不同。真要爭執到底誰是對的只有去問研究古文的專家，我在那臉紅脖子粗甚至最後流下委屈的眼淚，對方也完全沒有要改變自己信念的意思，但是，我為什麼一定要證明自己是對的啊？我是中華文化代言人嗎？他可能覺得他只是逗著我玩，但我當真到，你看都過了快二十年了我還記得這件事，誰荒謬？誰痛苦？

我想要強調的是，每個人都活在他們自己相信的世界裡。當你能夠平靜地與自己相處，你就會在每個當下感到平靜。這是我有意識地追求的生活方式，我渴望生活在一個平靜愉快的世界，遠離不開心的境地。就像做好事讓我開心，同時也讓他人快樂，這種互動不只是為了填補內心的空虛，而且是源自純粹的愉悅。

這也是為什麼我總是強調閱讀的重要性，因為以更大、更廣泛的頻率活著是至關重要的。擁有更廣泛的視野使你更深刻地理解生活的感覺。即使你不能完全理解，但你可以試著以這樣的方式生活。隨著時間的推移，這種方式將成為你的直覺，使你能夠活在更寬廣的頻率之中。

我們很容易將自己貶低，感覺自己不值得，有時候甚至因為把自己看得太小，就不自覺地將自己膨脹，只是為了掩飾內心的自卑，表現出一種自大的樣子。然而，事實上，你和我都不需要這麼做，因為我們本來就是自由的存在。

可是很多人無意識地過著生活，這實在是非常可惜。黑格爾說：「世界史即是世界精神逐漸認識自己的過程，換句話說，世界史就是世界精神不斷地探討自己是什麼的過程。」這讓我想起許多身心靈的書籍總是提到，所謂源頭的意識創造了許多事物，只是為了體驗祂到底是什麼。我們來到這個世界也是一樣，我認為生而為人的一個重要任務就是探索生命的真諦，了解生而為人的意義，思考我是誰、我為何在這裡。而我們終其一生都在不斷地追求這個目標，只是很多人並不自覺。

許多人以為我們只是為了求生存，為了賺錢、養家，以及滿足別人的需求。然而，我們往往忽略了更深層次的問題，即為什麼我們存在於此，我是誰，以及我為何在這裡。當你開始明白這些問題的時候，你會發現探索的旅程自然而然地展開在你面前。

所有你想學習的東西都將成為你生命的實際體驗。當你意識到這一點時，你的體驗就不再有好壞之分，因為你知道每個體驗都是為了了解你是誰而存在。這不僅僅是關於小我，你和更大的我有著深刻的連結，你所有體驗是為了一個更大的體驗而來到這個世界。

若這個世界按照它自己的方式前進，你是否能夠接受呢？理解每個人都有其擅長的能力，都有在這個世界上存在的價值，是等待你去發現和實現的。當你能夠理解並體驗，你將注重過程，至於結果，就留給老天吧。

生命中有太多不確定的變數，有時候做出一個決定並不代表可以預測結果。如果你能夠有心理準備去接受生活中的不確定性，並樂觀地說「好吧，讓我看看這次要體驗什麼吧！」你將更輕鬆地應對生活中的高低起伏。

享受每個當下，即使只是在路上欣賞風吹落葉的美景、明白四季的變化、時間的流逝、愛的真諦、失去的感受、珍惜的價值，這些都是不同的體驗。不論是喜悅還是不開心，都是生活的一部分。不管它在人類的定義上來說是好或不好的，它都是你活在這裡的理由。**存在即是意義，活著便是美好，體驗就是全部。**你可以在每天的遭遇中練習，更靠近你自己。

最終，我希望你能嘗試以一種完全不同的角度來看待生命，用一個更加開闊的視野來理解自己的人生。你將會意識到你的存在不僅僅止於此，你不是為了受苦而來到這個世界上的。所有你所體驗的事物都能夠淬鍊出另一層的含義，這僅僅在於你是否願意嘗試。不論是失去、悲傷，或是其他任何經歷，只要你能夠從中體驗出不同的含義，你就能夠活出一個完全不同的人生。因此，千萬不要低估自己，勇敢嘗試，活出最完整的自己。

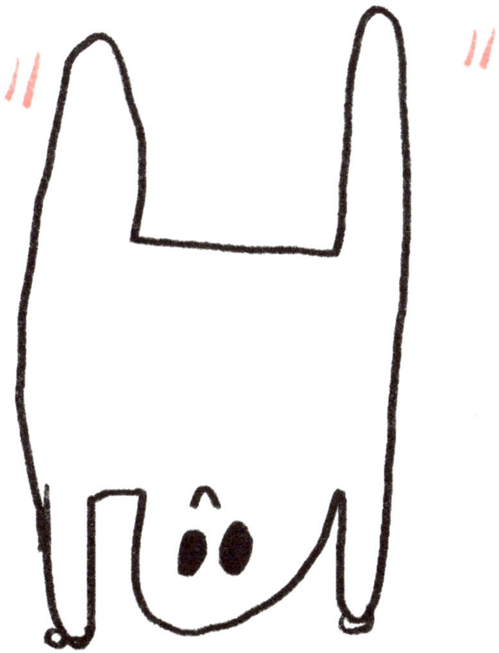

3 因為不完美，我收穫了完整——張學友60+演唱會教我的事

二〇二四年春天，張學友60+世界巡迴演唱會來到了台北，被譽為歌神的他依然一票難求。不只是因為他的歌聲陪伴著我們度過春夏秋冬，而且他對自己要求之高，每次演唱會都號稱完美地CD重播，絕對是令人放心又安心的選擇。

但這次有點不一樣，在第二週時，因為病毒感染影響了呼吸道，他取消了三場演出。第三週即使身體尚未完全恢復，他深知每次取消牽連甚廣，也不忍讓歌迷失望，於是他決定只要能唱，就會上臺。

我運氣很好地趕上了最末場。我必須說，開場後，我心裡既不捨又緊

張。不捨的是他都說60⁺了，身體不好還要在臺上又唱又跳，每一首都加重了負擔，而且他頻頻在臺上道歉，為自己無法完美完成使命感到自責，好心疼。緊張的是我知道他的作品很難唱，每首歌都是不同的挑戰，這句過了下一句的考驗又來，唱到高潮的時候我都會在心裡默默祈禱希望他度過難關，有點分心。

身為藝人當過歌手的我，也有過身體狀況不是一百分但依然得上臺為大家服務的體驗，那種在臺上複雜的心情，真不足為外人道矣。

但過了幾首歌，我開始轉念（我真的很會轉念，因為我不想難得的演唱會就這麼過了）：我正在見證一個從未遇過的張學友，那個他不會在別人面前輕易顯露的張學友。有點脆弱，有點可愛，但依然十分認真，十分真誠。如果在我過得好或不好的時候都在聽他的歌，那為什麼我只能接受一百分的他，而不是全部的他。

說來有趣，因為我對自己的工作表現也很嚴苛，常常別人覺得很好，但我總是會記得一句，就那麼一句說得不夠完美的話，然後反覆在心裡指責自己。所以當我去看別人演出的時候，有時也會用同樣的眼光審視：哎呀，我可能一輩子就看這麼一次，你這高音上不去，「按呢敢著」（台語：這樣對嗎）？但那天晚上到後半部的時候，我幾乎完全不在意那些以前我會很在意的部分，反而是盡情享受在整個表演裡。他如果唱了曾經陪伴我多年的歌，我就好好在那跟過去的自己相遇；如果是我不熟悉的新歌，我也靜下心聆聽，這時候的他想對我們說些什麼。而到了最後，我對自己說，如果你能對張學友有這麼大的包容與愛，你為什麼不能也這樣包容與愛自己？

然後雖然我臉上流著淚，但我心裡笑了。

我謝謝他這麼多年來用他的專業陪伴著我們，所以我願意在他好或不好的時候依然堅實地支持他。我能不能也用這樣的品質對待自己呢？明白即使不完美，也是我的一部分，不管那是必須經歷的學習或考驗，都是我。無條件的愛不假外求，自給自足。

可能有人會說不過就是一場演唱會，你怎麼想這麼多？但人生不就是在一次次的相遇中體悟跟照見自己嗎？如果你能留心在身邊發生的每一件事，你都會明白，那是你的內心在低語。

4 增加選擇、保持彈性，擁有好奇心

我希望每個人都能夠用自己最愉快的方式活在這個世界上。用你自己最喜歡的方式活著，然後明白你什麼都不缺。

增加自己的選擇，其實就是保持彈性。增加自己的選擇有非常多方式，比方閱讀是一種增加選擇的方式，交朋友也是一種，你看到這個世界有不同的可能性，知道你心理上有很多不同的選擇，也是一件很重要的事。就像我之前說的：你之所以會被激怒，是認為你只有被激怒這條路，你沒有給自己另外一個選擇，因此失去了人生的某種彈性。

增加自己的選擇、保持彈性，不要抗拒變化——它是一整組的。然後好奇心強地隨著興趣生活，我覺得是一個讓自己感知到適情適性跟過著最適化生活的一個滿重要的縮影。

很多人都說自己不知道要做什麼。在我看來，我的建議會是：就從你最喜歡的事開始著手，即使那件事情在別人眼中毫無意義。比方說收集昆蟲，或園藝；它可能沒有辦法用一個最快的方式在這個世界顯化財富、名聲、稱讚，它不是一個可以累積世俗 credit 的東西，但是你在裡面可以得到無比的樂趣。你可以無法感知到時間的流逝，然後專心一意地去做，即使遇到挫折也甘願。

比方有些人說我要去學跳舞，但為什麼是跳舞，其實可能有很多不同的理由。你之所以學跳舞是因為你喜歡跟身體相處的感覺呢？你喜歡那個當你的意念到哪裡、你的身體就可以到哪裡的自由？你喜歡跟音樂合一的感覺呢？還是你喜歡接受掌聲？你喜歡跟眾人一起完成一件事？你喜歡參加比賽、得到獎項的肯定……這些都附加在「我喜歡跳舞」這件事情下，但是它得到的結果卻截然不同。你真心喜歡跳舞，沒有人看你也會跳，好不好看你也會跳，因為你知道你在裡面得到的樂趣跟別人沒有關係，就從那個跟別人沒有關係的樂趣，開始著手。慢慢地你會釐清很多事情，比方說光是「我喜歡跳舞」，我剛剛就理出了六種，你到底是哪一種人？你是因為想跟喜歡跳舞的人交朋友，所以去學跳舞嗎？那你可以去當舞蹈社的經理，你沒有一定要成為舞者。或者是你可以當編舞家，你不見得要用自己的身體，因為你的身體可能不是最適合跳舞的，但是你可能對於怎麼把動作組合在一起，有你自己的感知或想法。

光是「我喜歡跳舞」這件事底下，還有非常非常多的可能性，但最終你還是要先從那個源頭開始，找出那個你願意投注非常多的熱情，也願意持續不輟地做的事，再從那裡一點一點地找到最適合你自己的生活方式。

而我喜歡分享。

有次演講的時候說了一段話，自己都覺得很好笑。我說，某種程度上，我也曾經喪志。在某一個年紀的時候，對這個世界有一種懷疑，心想我是一個這麼好的主持人，你們都瞎了嗎？那些好工作在哪裡？我做得這麼用心但你們只在雞蛋裡挑骨頭，啊不然換你們上來做看看啊！時不我予，懷才不遇啊！

但是並沒有因為些想法我就放棄了主持這件事。我知道我這件事做得滿好的，我在裡面得到很多樂趣。我喜歡人，我喜歡跟人接觸，我喜歡聆聽別人的故事，我喜歡跟這個世界互動，主持這份工作帶我去很多我意想不到的地方，認識形形色色有趣的人。我希望我是一個管道，成為不同介質、不同頻率的橋梁，真正符合了我常說的那句話：工作不是貼在你身上的標籤，而是你用來體驗這個世界的方法。

而且我發現，即使並沒有什麼大型頒獎典禮要找我主持的那些年，每一年的奧斯卡頒獎典禮、金馬獎金曲獎金鐘獎時間到了，我不管有沒有入圍都還是會坐下來，認真地看他們是怎麼做的。今年他們有些什麼主軸想要跟大家宣傳？輿論的風向是怎麼吹的？美國今年重視性別、明年的主旋律關注種族，這就是美國的大風向，也是好萊塢透過典禮想要告訴這個世界的事情。

他們是怎麼選擇的？會員們是怎麼投票的？主持人傳遞了什麼訊息？即使當時沒有符合做這些「功課」的機會，我依然在做這件事情，因為我喜歡。我喜歡並不是因為我為了將來有一天，我可以站在那裡大放異彩、得到所有的掌聲，說「你就是主持界的天花板」，而是我覺得「等一下，這裡面實在是太有意思了！你知道一個頒獎典禮累積的，是這一整年這個產業想要對這個世界說的話，還有他們的態度。」而當我明白了這件事情的時候，我會用不同的高度看待頒獎典禮的主持，當我有機會去做的時候，我也會用一個這樣的頻率，而不只是單純一個晚會主持的心情去成就一個頒獎典禮。

當我用不同的格局看待自己在做的這件事情，連帶著我也站在那個格局裡，成為那個格局的一部分，前提是我必須得看得到。我看別人是怎麼做的，然後當然有一天，等這個機會到來了，我就可以實踐它。可是那時的我根本不知道那一天會不會來，很有可能我到了九十歲，我依然沒有站上一個頒獎典禮的舞臺、跟別人說我就是一個這麼有格局的人你們都沒看到嗎？但這絲毫無損於我還是每年都樂此不疲地去看待這件事。

找到那個即使沒有目的的熱情的所在，我覺得滿重要的。

可能還是會有人說：我不知道要從何找起啊！那我們來聊聊讓你生活有滋有味的一種態度——好奇心。每天可以對很多東西多一點好奇跟想法。拿個比方來說，因為我對人有興趣，所以自然我會對歷史有興趣。歷史就是人在每個關鍵的時刻有意無意做出的決定累積而成的，那不只是考試的題目啊！因為我喜歡旅行，我喜歡體驗不同的風土帶來美食，還有人的個性與感覺，所以這些年在旅行的時候我不再只是趕趕趕行程，務求最有效率地體驗最多風景，而是能好好在一個地方待著，跟陌生人聊天，自在地享受所謂的風情。也因為我明白每一個人都是許多選擇累積的成果，我會好奇，到底是哪些人生的節點，讓他一步一步走到這裡。每一個人，都是寶藏，而我會想知道那是什麼？他看到了嗎？這一切的一切，都太好玩了。

但最後，這些對外的好奇心，也都是為了讓我照見自己。如果是我在那個關鍵的當下，我會怎麼做選擇呢？我是否明白，每一天我做的即使是無意識的選擇，也都一步一步地成為我呢？用自己生命的體驗尋找出最適合自己的生活方式，然後優游地滑翔。

啊！光是這樣想，就覺得真是太好玩了啊！

5 重生：把自己再重新生下來一次

前一陣子因為大谷翔平的新書，我在網路上瀏覽到一篇文章，大意是日本媒體最稱讚大谷翔平的，是即使他已經如此成功世界知名，依然這麼地有禮貌跟謙卑。而他們認為最應該歸功的就是他的父母。他的父親本身是個上班族，母親在餐廳打工，可是他們對孩子的關心跟支持都非常多。媽媽可能晚飯的時候都還在餐廳工作，但是孩子回到家的第一件事情，就是要先打給媽媽。媽媽會跟你講話、問你今天怎麼樣啊？短暫的聊天讓母親跟孩子連結，即使人不在，但支持還是在。

父親每次去看孩子打球，不會因為自己平常也有在打球，就對教練指指點點，在現場總是很規矩地幫孩子加油，也不會造次，或跟別人家長炫耀。

大谷翔平其實在日本打球的時候就已經開始為人熟知，也開始賺錢了，後來去了美國，當然年收入都破億了，可是他媽媽依然在餐廳工作，過著原本的生活。她說我們家還有別的小孩，不是只有這一個孩子，我要讓他們知道，不管這個小孩做得有多好，我們還是照常過我們的生活；他當然可以賺錢養家了，可是我們還是有能力養活自己，更重要的，我也要讓我的其他孩子明白這件事。那一刻、那段話讓我覺得很美很美，因為他有一對有為有守的父母，這是很不容易做到的。大谷翔平的母親知道，不可能因為我有一個孩子變成世界級的職棒巨星，我的另外兩個小孩就等於不存在嘛。

現在大部分的價值觀都看你這棵樹長得有多高、多寬，你有沒有開花結果，可是卻忽略了一棵健康的樹最重要的是它的根，因為它所有養分的吸收跟它與這塊土地的連結都來自於它的根，而那個地方是最不容易被看到的，也是最需要被照顧的。當然可以說大谷翔平是天才，或者是他對自己的生命很有計畫，但是在我看了那篇文章之後，我覺得他的根扎得很深，而那不是說我投了幾次球，打了幾次全壘打，可以上幾次壘……不是運動上的根，而是生命的那種根。他知道他從哪裡來，他的父母活出來給他看，而父母活出來給他看比用說的要更有說服力。

他的父母很真誠地活出了他們覺得對的人生，於是他們的孩子看到了，也很真誠地活出像父母的模樣。我覺得心口不一的父母是很可怕的，就算你是一個很嚴苛的父母，只要你表裡如一，你的孩子也會知道，我爸媽不是只針對我，而是對自己對世界都用同樣的標準活著，那比任何打罵都更有用。

當大谷翔平都看到我的父母並沒有因為我就橫著走，那我有什麼好橫著走的？我父母知道，我們還是腳踏實地地活在這個世界上，我充其量就是一個大家比較認識的棒球選手而已，我還是一個人啊！待人處事還是很重要，禮貌還是很重要，跟家庭的連結也很重要。那對我來說，就是一個人的根。我們常常說家庭教育很重要（當然學校教育也很重要），但家庭教育真的就是你父母怎麼做，孩子都全部看在眼裡。

我在年輕的時候看了很多閒書（就是不是為了考試看的書），雖然沒有人很好地教我說什麼是學習，但閒書讓我持續地保持學習的熱情。我並沒有因為離開學校了，就說那我就不用讀書了，或是太好了、我可以總算可以脫離了，接下來一個字都不想看了。反而是因為當年所謂的閒書讓我對這個世界充滿好奇心，不管是透過閱讀、跟人交談，讓我對這個世界永遠保持著某種熱情。我覺得活著是一件很好玩的事，閱讀也是一件很好玩的事，學習是一件很好玩的事。

大家都覺得考試很重要，但是考試跟學習是兩件事。現在的父母沒有辦法意識到，以為小孩子只要把他該念的書念完了，只要應付了考試，就已經完成學習這件事——但完全不是這樣啊！當然3C的確是一個不可逆的潮流，小孩不是不能玩手機、不是不能玩iPad，但重點是他為什麼玩？他是無意識看一些只是填滿了他腦子的東西嗎？還是你讓他知道他為什麼做這件事，而不只是無意識地打發時間？兩者就已經是非常大的差別了。

還有一件很重要的事情就是，因為父母不斷地在跟孩子說不要玩手機，自己卻手機沉溺，小孩子也會覺得：好啊，只是因為我還沒長大而已，等到我長大了，我就報復性地做任何你不讓我做的事。

的確，因為這個社會跟學校並沒有教會我們「想成為一個什麼樣的人」，所以通常孩子如何建構自己的中心，只有兩個方法，一個就是跟他父母一樣，一個就是「我絕對不要跟我父母一樣」。

可是，哪個選擇其實都太極端，你終究還是要活出自己的樣子。如果沒有覺察，莫名其妙就會活得像自己的父母，或是莫名其妙跟自己的父母對著幹。很多年輕人或成年人都是，你只要跟他說「你跟你爸一樣」，絕對是踩到地雷一樣。以前我也是，聽到「就跟你媽一樣」，我也是說「哪有！」想說我已經花這麼多力氣了，為什麼還有人說這樣的話？其實他也只是為了激怒我而已，他知道只要講這句話，我就會一秒引爆。

後來我才知道，其實不管你是不是百分之百地像他，終究都不是你。他們一定會對你造成影響，因為那是非常潛移默化、在骨子裡面的，你如果要改變，或是你根本沒有意識到那個東西需要被改變，它就長成這個樣子了。但是對我來說，它只是一個基礎而已，如果你不好好地、有意識地向自己靠攏，或者是有意識地訓練自己更靠近你自己，或者是有意識地去辨別什麼是你、什麼不是你，你最終就會無意識地活成天平的兩端。

大部分的人、其實就是我們，也都活在這個中間，因為我們父母也是截然不同的人，你融合他們，所以你不會真的變成他們。我最常跟年輕人說的事情，就是不管是什麼，你就做看看，因為做看看都是一種體驗，你做了才知道那是不是你，或是你喜不喜歡。你當然可以像你的父母，但你也可以有意識地「變成他們」，再去思考那是不是你，你是不是要用這種方式在不同的時代活著。

我絕對不會說什麼事情都不能做，或你不能碰這個、不能碰那個，你不能去這裡、不能去那裡。當然基本的提醒跟支持要有，比方說如果他去一個很危險的地方旅行，長輩還是會擔心嘛。可是如果完全限制住他，他根本沒有機會去探索這個世界，一種結果就是他變成一個很膽小的人，另外一種就是他之後就會變成一個放飛的野鳥、再也不會回來了。我總是對一些當父母的朋友說，不用太擔心，他們都會回我說，我以前也是這樣長大的啊，我只是希望他們不要繞遠路。但如果這條路其實他必須要自己走過，才能真實地長出屬於自己的勇氣呢？

其實，你的孩子比你想得還要更厲害，只是你沒有放手讓他們成為他們自己。你沒有信任，而因為你的不信任，也會造成孩子對於人生跟對這個世界的不信任，彷彿他必須要活在一個很安全的網格裡面，重點是，那只是「你認為」安全。

但問題是，那從來不是最好玩的人生。你希望你的孩子過著一個只是單純、安全又無聊的人生嗎？還是他能夠在他還能在這個世界上走跳的時候，盡情地活出他自己？很多父母之所以不這樣做，是因為他也沒有這麼做，對他來說安全才是最重要的，所以他會希望自己的孩子也只要能夠穩穩當當地、安全過完這一生就行了。但是事實上，你永遠不知道明天會發生什麼事。沒有人是安全的，而既然沒有人是安全的，那能不能讓他至少活得像他自己一點，教會他們如何好好地保護自己，更有勇氣地去探索這個世界。

我覺得教會孩子勇氣是很重要的事。同樣地，讓孩子從小就明白學習是一件很棒的事情也很重要，只要永遠抱持著學習的心情，即使年紀漸長，心智會成熟，但心境不會變老。因為這個世界再怎麼變，你都會努力地想要跟上它，或者是你會分辨，我之所以沒有跟上，是因為這個潮流其實跟我可能本性不是這麼適合，我知道它在幹麼，但我不見得要衝這個浪，我現在在我這邊衝得也挺好的。

要對這個世界保持學習的熱忱、得到學習的喜悅，因為唯有得到喜悅，你才會持續做這件事。那個喜悅不是為了得到別人的稱讚，而是他真心覺得喜歡做這件事。對我來說，那才是一個孩子的父母更應該賦予孩子的特質。你不可能在他身邊陪伴他一輩子，而他只要擁有了這些特質，我覺得他在這個世界上任何地方走跳都沒有問題。

也請讓你的孩子去體驗。父母能做的其實也就是提供孩子不同的工具，讓他們帶著這些工具繼續在世界上遊玩。相信你的孩子，他會為他自己的生命做出最對的選擇，我覺得這樣就可以了。

請相信他，請相信他。

看到這或許有的讀者會說：寶儀啊！我沒有孩子啊！這段對我來說沒有用啊！

這時候我會請你想想，如果你是你自己的父母，你可不可以把自己重新生下來一次呢？

這也是春花媽教我的，他有一天跟我說：

「我決定要在四十歲的時候，把我自己再生下來一次。」

於是他毅然決然去矯正牙齒，改變生活習慣，重新養一個新的自己出來。

如果你覺得過去的自己必須做出改變，如果你要重新養自己的根，那就好好換盆換土，仔細灌溉，用心呵護。每一個當下都可以是新的開始。如果舊有的習氣又回來了，不用焦慮，覺察然後放下，再來一次再來一次，直到你為自己建立了新的腦迴路，讓你喜歡欣賞的特質成為你生命的一部分，成為你的根。這樣即使未來再怎麼長，你都不會歪到哪裡去。給自己足夠的勇氣去探索這個世界，明白對這個世界的好奇心可以是一輩子的事。在我說你的孩子比你想的更厲害時，其實我說的是，你比你想的更厲害！你永遠有機會放手成為你自己！

成為自己的父母，成為自己的典範，成為自己想要仰望的人，成為，你自己！

二

我和我的人際關係

6 其實每個人都活在屬於自己的平行宇宙裡

完成《人生最大的成就，是成為你自己》之後，在新書宣傳期間，我又跟我媽有小小的不愉快了，那時候我既疑惑又灰心：我不是明明「想通了，不再被這件事情綁住」，結果說什麼的和解簡直像打水漂一樣，我還是生氣，還是義憤難平，輕易被我媽的隨便一句話就激怒了。

一、兩年過去，我後來懂了，成為我自己並不是句點，而是一個逗號。我後來都會跟出身心靈有關的書的朋友說，小心喔！出書才是魔考的開始。你不要以為寫完書，任務就結束了，或是寫完書，這趟人生學習旅程就告一段落了，沒有喔。因為你在書裡敘述的那些過程，會不斷地像個考題一樣來質問你：你真的解完這題了嗎？你確定？然後一直到你不斷地重新解答、解答，再解答，不斷地破關、破關，再破關。

就拿「和解」來說吧。它的確是一個很美妙的詞，但是大家對和解這兩個字，真的也有很大的誤解。和解，好像這件事情就解開了，接著就放下了，但其實不是這樣，我們都被字面困住了。和解並不像是：我跟心理醫師談，我們一起找到了那個關鍵的童年陰影，然後回去跟對方把事情講開來，心結就解開了、沒事了，從此過著幸福快樂的日子。事實上我們都知道並不是這樣。我們可能講完了，當下兩個人擁抱、哭得一把鼻涕一把眼淚，然後下次為了本質一樣的事情沒辦法跟對方好好說話，或是心裡還是有疙瘩。

原來，這個和解只是第一層而已，我們可能還需要第二層的、第三層的和解，每一次的翻轉都很像是一次背叛，你會覺得：我們不是已經都好好的嗎？可是為什麼你又來這樣？我怎麼又這樣了？

但和解有沒有意義？我會想要告訴大家的是，過了這些年，我依然覺得那個和解是有效的。我跟我媽媽在上一本書裡面的談話，有沒有讓我放下一些事情？有。而那之後，是不是又繼續踩到我的底線？是。因為她還是她、我還是我，但我意識到所謂踩底線所帶來的，不管你說是生氣也好、憤怒也好，它不再是從舊的東西往上堆疊的。這裡面有非常明顯的質變。

而我會很清楚：她不會再傷害到我最核心的那個部分了。我不會再覺得自己是一個悲慘的、被扔下的孩子了，或是我持續地被錯誤對待、我好糟糕。我可以選擇要不要承受，我有選擇。兩者的程度是差很多的。我選擇不再無意識地堆疊心裡的那些小劇場，選擇我要接納多少、要往心裡去多少。我現在可以直截了當地抱怨而不覺得難受，心裡的餘味也變得清爽。

我必須承認，在前一本書的宣傳期時還沒有意識到，我跟我媽媽的關係在質感上已經有點不一樣了，只是很害怕、覺得情緒怎麼又回來了。可是此時的我會很想告訴大家，只要你在每一個當下都不斷地覺察，就會明白其實你們的關係已經不同了。不要說你們——**你**也已經不一樣了。對方是不是依然故我、有沒有覺得你們已經和解了，最後都與你無關。

每個人都活在屬於自己的平行宇宙裡，而其他人並不一定想要知道所謂的真相。即便你說「我不是這樣子的」，對方可能很多時候並不在乎，當下他就活在他的世界裡、相信了他願意相信的事實。因此當我說我跟媽媽和解了，但她是否也這麼覺得呢？這就屬於我沒有辦法控制的事情。我沒有辦法每天都坐下來、好好握著她的手問她：你覺得我們和解了嗎？你覺得我們是很好的母女嗎？

所以她怎麼想？It's none of my business. 你可以選擇心裡要不要卡著任何過去，而我選擇更清爽地過我的人生。

跟你有關的事情，你才會心生情緒。滑手機的時候你笑了，因為它讓你開心、它觸動了你：好可愛的小動物，好可愛的小朋友，或是有人跌倒了，雖然你知道很不應該、有點殘忍，但你還是會覺得很滑稽很好笑；你憤怒，因為有不公不義的事情發生了，你覺得你必須發聲，要不然還算是人嗎？

這裡我想跟大家一起看看一個例子：有人跟鄰居為了噪音吵架甚至對簿公堂，可能大家多多少少都有過類似的體驗，所以事發時引起相當大的討論，沸沸揚揚。通常這種事件發生的時候，我會看網頁下面的留言，一是看大家都在討論什麼，二是看有多少人願意「真正」討論事情。

你可以從字裡行間明白，有些人不是來討論事情的。有些人就是來發洩情緒的，而那裡面有很多他自己個人的創傷或經驗在裡面（你會看出來，真正願意討論事情的人不多，所以真正可以往心裡去的事情也不多）。而每一次社會事件都會給我一個很深的學習，就是其實當你決定選邊站的時候，你站的不見得是正義，你站的是**回憶**。

比方有一些留言是站在新聞當事人那邊的，很有可能你以前碰過非常敏感的鄰居，你只是在正常的時間在家裡走路，依然會被別人上門抱怨。有可能鄰居就是聽覺特別靈敏，或是他們也有自己的問題待處理，覺得都是外界影響了他們、只在外界尋求解答，於是噪音或者是一些動靜都會被他們無限擴大，然後覺得那都是別人的錯。所以，很多站在新聞當事人那邊的人，是因為他們曾經受到這樣的不管是騷擾也好，困擾也好，所以他們會與他同理，感同身受。

那站在鄰居那一邊的，可能你的樓上有過讓你不堪其擾的住戶，真的很吵。也許是小孩，也許是寵物，也許是樓上老在開 party，或者就是隔音實在太差之類的。所以你有時候氣憤的是你的回憶，這個事件只是連結了你的過去，所以你寫下了站隊的回應，你選擇「站在哪邊」。

但老實說，我們根本沒有住在那兩戶人家裡，無從得知那些所謂的「噪音」分貝有多高，大家的生活習慣跟聽覺耐受度到底如何，那我們到底又是怎麼當起法官選擇支持誰，留言跟誰說：我懂。

是的，所有跟你有關的事情、所有會讓你升起情緒的事情，都跟你有關，**但你可以決定它要不要跟你有關係**，你可以決定你要不要對這件事情升起情緒。

同樣的，和解也是，親密關係也是，家人也是。

很多人都說家人是切不斷的臍帶，是天生下來就要做的功課，我相信我們之所以約定成為家人，一定有它的理由，不管我要在這裡面學會什麼：學會什麼是愛、什麼是給對方他需要的愛，什麼是我有能力、限度內能夠付出的愛，還有什麼叫界線。界線也是一個很重要的學習。你不能無止境地侵門踏戶，即便是對最親的人。在和解的過程中，我也覺得自己在劃一個界限，那不是說這裡有個地雷，你踩到就死定了！比較像是一個最後期限，是我到底要讓這個創傷影響我多久？

當你決定你要跟他有關的時候，你就跟他有關；當你要決定沒有、到此為止，你就是劃了一條界線。

你跟自己和解了，你願意放過自己了，根本不用說出來，那個和解就已經發生了。我們常在電視媒體、電影上看到，彷彿大家都要痛哭流涕最後來個擁抱，那才是 happy ending——對我來說，就算表面這些事情都做了，你心裡的和解沒有做到，這件事情就是沒有完成；如果外面這些事情都沒做，但你自己心裡做到了，就對了，因為所有的東西都發生在這裡：你的心。

這需要不斷地練習跟學習。我花了滿多時間在這上面的，因為我覺得值得。雖然一定也會有喪志的時候，即使做了很久還是會覺得說「哇，怎麼又來了」，可是並不會因此就讓我放棄練習。因為我知道，這不是為了別人，而是為了我自己。

7 當你用你最輕鬆的方式活著，你不會覺得累

我有些家人很會安排行程，他們很會找餐廳、訂飯店，這些瑣碎的細節對他們來說完全都不是事兒——比方改機票吧，他就電腦前面一坐，兩分鐘就幫你改好了。可是如果是我自己呢？手機也用了，iPad也用了，APP也開了、網頁也開了，滿頭大汗就是搞不定。忙了大半天還不如開口跟他說，你可以幫我處理一下嗎？然後兩分鐘搞定。我那時候就會在心裡想：他活得多麼適情適性啊！而我為什麼要勉強自己去做根本不適合我的事？

什麼叫「適情適性」？就是如果你能夠更了解自己的長處、短處，或者是更了解自己的偏好還有特性，然後「接納它」，其實你會更輕鬆地活在這個

世界上，所以我覺得每一個人真的都應該要花一點時間更貼近自己，而不是用別人的方式活著。

這個世界總是告訴你，你應該要很努力，要很貼心、很會照顧別人，才是個「好人」。而我在一次談話當中才意識到，其實我很不會用物質的方式照顧別人，卻很會用心靈的方式照顧別人。對我來說，送給別人最好的禮物，可能不是買個東西給他，而是跟他好好地坐下來聊個天，不僅帶給人的幫助跟影響比其他要來得更大，我也沒有那麼吃力。

當我用最輕鬆最適合我的方式活著的時候，我不會覺得累，反而那個能量會不斷地、源源不絕地產生。這在我的生命當中是很具象的體現：就是當我用我最不擅長的方式，不管是討好別人或者去照顧別人的時候，我都會筋疲力竭。可是當我用我最輕鬆，或者是最擅長的方式跟他人相處時，別人覺得輕鬆，我自己也會覺得自在。那個能量就像是再生能源，或是很像油電車一樣，只要你開了它，它就會不斷地充電。當我找到最適合我的方式，我就是一輛運作得非常好的油電車，可是當我活得不像自己的時候，我就耗油、吃油吃得很凶，我可能會花很多時間照顧別人，然後要花更多的力氣照顧我自己，於是變成一個惡性循環。

學校沒有教會我們如何靠近我們自己，或者是如何辨別我們是什麼樣的人，用什麼樣的方式活著是最輕鬆的。設立制度的人為了方便管理，只是用一個框架，不管是用分數、成績、排名……告訴你只要做到ABCDE，彷彿你就會得到這個世界對你的肯定。可是你得到了自己的肯定嗎？你有用最輕鬆、最適合你的「適情適性」的方式活著嗎？為什麼愈來愈多人要花更多的力氣去療癒自己，或說給這個世界造成更多的困擾？因為當你活得不像你自己，你會有無法處理、沒有出口的情緒，不管是對你的身體，或者是對你身邊的人，都會造成很大的影響。

表裡如一是最輕鬆，也是最健康的生活方式，而演藝圈的確是最好的修煉場。

這些年常常看到一些新聞標題寫著「人設崩塌」、「形象翻車」，或許有人會見獵心喜，但我心裡想的是，那之前的他們有多辛苦多提心吊膽。身為一個公眾人物，一言一行都被放在鎂光燈下檢視，再加上又是網路時代，一人一句，常常身處其中的我也會懷疑，你們口中的我是真的我嗎？

還記得剛出道的時候，我被定位成玉女歌手，那幾年有時真的活得很彆扭。製作人選了一些歌並希望我用很可愛溫柔的聲音唱著，還說哎呀這樣一定會迷倒很多國中生。媽呀！我那時都二十五歲了！我為什麼要迷倒國中生啊？我心裡也有很多不平憤怒與叛逆（我是社會系的啊！）我根本沒有那麼甜美啊！於是有些歌在錄音室錄完後，不服氣的我基本上從來沒在其他場合唱過，即使我知道大家很喜歡，但我就是無法接受給別人看到我的那一面。

現在回想起來當時的自己真傻，我有沒有撒嬌小女人的那一面？當然有，只是我不太適應在大家面前顯露那個樣子。可是那是不是我的一部分？當然是，要不然我無法詮釋那些黏膩的歌曲。只是我被心裡一些矛盾困住了，以至於那段時間我都不知道自己是誰了。現在回頭看，如果我能如實地接納其實自己有不同的面向，而不管是演戲唱歌，其實我都是拿自己的一部分來詮釋，或許我心裡的衝突不會那麼具象，在表演的時候也能更放得開，全面地體驗當下的自己。現在回想起來，我多麼感恩當年能有這樣的經歷，留下那些紀錄與回憶，至少當我現在重新回過頭聽自己的歌，能笑笑地看著過去青澀的自己，哎呀，那也是我啊！

常常有很多新認識的朋友會對我說：你真不像演藝圈的人。我是不知道他們覺得演藝圈的人都是什麼樣啦，但我的確偶爾會有格格不入的感覺。年輕的時候也曾經會想說是不是該妥協，改變自己，融入這個圈子，嘗試了幾次後發現：做不像自己的事比不被大家接納更痛苦。慢慢我也就放下這個想法了。世界這麼大，演藝圈說大不大說小不小，也總會有我的容身之處吧？慢慢地也就一步一步走到今天了。對我來說，晚上睡不睡得著比我是不是這個圈子的領頭羊更重要啊！

我也不是隨時隨地都能量百分之百，也沒有辦法總是像在主持的時候，照顧著所有人，因為那個時候我真的要把所有的感官都打開，觀照每個人方方面面的需要，而當我全開的時候，真的很累。當一個主持人是需要非常大的能量去操控流程的，可是不工作時大部分的我其實就是個廢人，所以我臺上跟臺下一定會有落差。但我並不覺得這叫做欺騙。我覺得每個人都會有一個有點像音量的那種量度，有時候你把能量開大一點、有時候把能量調小一點，但你還是一個表裡如一的狀態。

我覺得我這些年來的學習，就是讓自己不斷地向我自己的中心靠攏，然後活在自己的中心裡，即使這個中心有時候會往上調一點、往下調一點，頻率上上下下，但中心主軸是沒有變的。

我跟不同的人講話，也會停留在不同的頻率裡，有些人的頻率可能和當下的我相印，聊起天來總是飛快地能溝通到點上。可是有些人呢，得非常接地氣地跟他們聊天，聊生活、生存，得要先解決很旁枝末節的情緒，才能用地方包圍中央的方式去解決最根本的問題。因為當你跟他們說，其實不要解決這些東西，你要解決最根本的問題，他們會覺得你在打高空講幹話，一點幫助都沒有。所以你也只能先從旁邊一點一點地講。但永遠不要忘記的是，它最終還是會回到你的脊椎，就是你的中心，所謂你的中軸。而我們唯一能做的事情就是鞏固好我的中軸，我自己要先把我自己鞏固好，適情適性地活著，這樣就算我什麼都沒做，旁邊的人看到心想，咦這樣的「異類」也能活得這麼開心，那我應該也可以試著放手做自己，我也就功德圓滿了。

8 所有力量都來自你自己的生命，沒有人奪得走

有人覺得，我現在過得不好是因為曾經發生過什麼樣的事情，因為誰傷害了我，所以讓我成為一個很脆弱的人。對我來說，這就是無意識下造成的結果。我們容易將這些東西歸咎於過去曾經發生的事，這些無形的制約其實都來自於你的家庭教育、學校教育、社會教育、媒體影響等，然後讓你誤以為這些標籤就等於是真正的你自己。而我會想說，你不是個脆弱的人，你的脆弱是自己定義的，別人能給你的傷害，也是你自己定義的。你隨時可以把那些傷害轉化成你身上既有的力量，而且是當下就可以決定，這個轉念其實是可以從你身上長出來的！

比方說，我以前也會覺得生長在一個父母離異隔代教養的家庭，好像是一件理所當然很悲慘的事，而外人會覺得我的父母在我三歲的時候決定要離婚，造就了我對婚姻的不信任，所以讓我到五十歲都還沒有結婚。

但是後來我仔細往裡面看，我不結婚其實有很多理由，我的確對婚姻制度不信任，可是那真的是我父母帶給我的影響嗎？還是這個婚姻制度本來就不值得信任？這個婚姻制度到底保障了誰？

我重新思考了什麼是婚姻？兩個人為什麼要在一起？目前我的回答是兩個人之所以在一起是因為：我們想要共同生活，想要共同體驗人生，並且願意互相扶持。期望在彼此有所不足時能夠給予對方支持，並在低潮時有一個理解彼此狀態的人在身邊提醒。我們之間有足夠的信任，對彼此的家庭也有足夠的理解。當你需要我支持你的家庭時，我會在你身邊；而當我需要你支持我的家庭時，我相信你也會在我身邊。

我認為那是真正的伴侶，一種超越身分證上配偶欄的連結。許多婚姻在簽署婚姻證書後，仍然缺乏足夠的支持。我不希望我們吵架時，是用一種無奈的態度妥協，只因為我是你的妻子或丈夫。或是因為我們是夫妻，所以「必須」要對一個家或是彼此的原生家庭有如何如何的「責任」。相反，我希望無論開心或難過，我都依然堅定地站在你身邊，陪你一同經歷高潮和低谷。我知道我們吵架時也會好轉，不是因為我們是法定夫妻，而是因為我們希望互相陪伴。至於所謂的責任，都不是「必須」或「應該」，而是我們真心想付出支持。

而如果有一天其中一方想要放下了，彼此也沒有怨恨。我希望那時候我有足夠的智慧給你最大的祝福，知道你為什麼做這樣的選擇，知道為什麼我不會再是那個很適合在你旁邊的人，我也不會因此而就覺得我有任何的缺失，覺得我是一個很差的伴侶，覺得我配不上你，而是明白我們陪伴彼此的人生旅途就是到此為止。而不是因為社會說你時間到了，就應該要結婚，一個女人如果不結婚生命就不完整等等，因為這樣的理由而結婚對我來說實在太不酷了。

所以我不會把不結婚的理由推咎在父母身上，我已經沒有所謂的不安全感，沒有所謂的理所當然該做或不該做的事。如果婚姻是一個二十歲跟十八歲的人因為有了小孩所以簽字有了盟約，但是三年之後就可以離開，那婚姻到底是什麼？

有的時候我們會被這些問題困住，是因為我們對於過去發生的事情有一種既有的解讀：我覺得我被欺負了，我有無法治療的創傷，所以讓我現在成為一個也不斷傷害別人的人；我沒有生在一個富有的家庭，所以讓我的人生注定起點低很悲慘；我的父母沒有給我足夠的愛，所以讓我成為一個很匱乏的人，我會不斷地在別人身上索取愛，容易陷入一段很不正常的關係；我對婚姻不信任，沒有辦法組建正常的家庭……

長大後我漸漸明白，如果他們已經決定不再共同生活，並且誠實地面對自己生命的現狀，對於孩子來說，這難道不是最好的結果嗎？如果他們一直生活在謊言之中，那我難道不就要在一個充滿虛假的家庭中長大嗎？當所有人好像都在美其名地保持一個完整家庭的形象，但那算是一個真正的家嗎？

他們的選擇讓我有餘裕重新思考，婚姻到底是什麼、家到底是什麼，而不是這個社會約定俗成的價值觀。我會更深入地去探討，我到底要什麼？所以對我來說，反而當時他們年輕時做的決定，換個角度來看是另外一種祝福，至少他們不會用一種「大家都這麼做了怎麼你還沒有？」或是「結婚是生命中必然的選項」這種價值觀來要求我。我要不要進入婚姻這個選項是我的自由，無需因為「應該」而做出選擇。舉這個例子只是想說明，事情的好壞端看於我決定要怎麼看待這件事。曾經發生過的事情，透過有意識地轉換，可以產生截然不同的意義。

所以當你明白，其實過去的事情，都是為了讓現在的你可以展現出你原本就有的力量，你就會對於曾經的發生，有截然不同的解讀。而當下的改變，同時就會改變過去和未來，所有你看待這個世界的角度也會開始變得不同。

曾經我也跟許多人一樣，認為悲傷是不是過個幾年就會好了？失戀的痛楚，是不是過個幾年就會沒有了？考上大學，我人生就會變好了吧？找到好工作，我人生就會變好了吧？找到好伴侶，我人生就變好了吧？

此刻如果再次問我，好日子什麼時候才會來？我的回答就是「現在」！當我說出「現在」的時候，我能感受到我的生命是充滿力量的，因為我知道即使外在世界沒有變，但是現在我改變了，我看出去的世界就不一樣了，這個對我來說，就是當下的力量。

每一個當下其實都可以是一個新的開始，所有的力量都是來自於你自己的生命，你自己賦予的，而那個力量其實別人未曾從你身上奪走過，只要你願意，你隨時能擺脫這些過去的業力，同時重新展開一個全新的人生。

完整拼圖 三

我和世界的關係

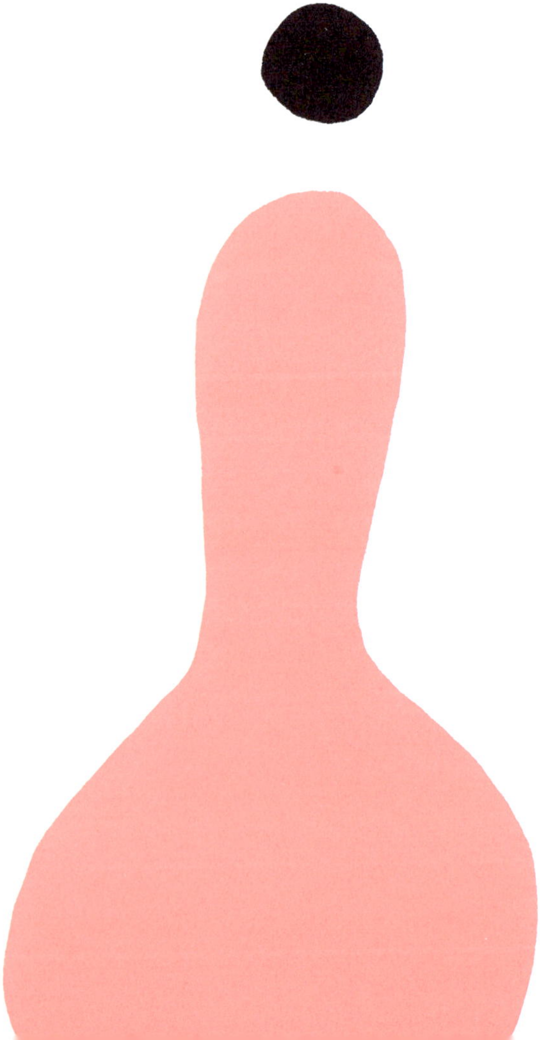

9 找到你在這個世界上的位置

有次去演講，一個女生舉手說她是個美容師，而她學了希塔療癒，所以想要轉作療癒專業，但又怕一開始無法養活自己，遲遲沒辦法下定決心。已經過了一段時間了，她想問，要怎麼樣才能夠做出決定、停止內耗呢？

那時候我跟她說，其實就跟燒燃料是一樣的，等你耗到沒有東西再耗的時候，就會停止內耗了。當時大家都笑了，但我是針對每一個人的狀況、很直覺地去回答的。在身心靈界，真的有很多人認為療癒是至高無上的工作，彷彿學了這件事，就應該要做這件事，可是我其實並不這麼認為。

比方說幫我染髮的髮型師，她原本是髮型師，後來去學徒手療癒，然後變成頭薦骨療法的專家，最近又開始學光療、針灸、精油的療法等等，所以我每次去找她的時候，我得到的是一種全方位的照顧。而且她是一個滿養生又敏感的人，她會知道附近有哪些商家是東西簡單好吃又療癒的，然後在等頭髮上色的時候，我就可以順便填飽肚子。吃飽了如果還有時間，她可能會說今天臉有點歪，要不要來做點處理？每次去，我都覺得身心靈得到全方位的妥當安置。

療癒這件事，其實很像是你個人生涯學習的某種展現，有時並不需要把這件事當成職業才是專家。我後來跟這位美容師說，你為什麼不能當個同時也做希塔療癒服務的美容師呢？如果你擔心失去美容師的收入，一開始做專職療癒的收入沒辦法支撐生活，其實可以兼著做，那就是你斜槓的結果。

接著我想，到底什麼叫做「內耗」。其實那天還有人問了一個問題，大概是他有些跟原生家庭相處的議題，因為他自己也在學習身心靈，所以他一直在這方面下功夫。有時他會意識到，這個舊的模式偶爾會再度影響他，他就會忍不住回過頭來一直責怪自己「為什麼還會這樣？」我告訴他：這才叫內耗。如果你當下覺察了這個模式重新又回來了，或是舊有的習慣又出現了，其實只要覺察就可以了。可是當你在這個覺察之後，又在上面加注了自責、懊悔，或其他多餘的情緒，那就是內耗。

而事實上大部分的事情都不必要存在於你的生命當中。比方說我覺得原生家庭真的已經成為了大家內耗的主要燃料了，燒個不停。很多人現在會把原生家庭當成一個理由，說因為我曾經被如何如何對待，於是我怎麼樣怎麼樣。這才是內耗。把這些東西緊抓在手上不放，最終消耗的也就是你自己。

我並不是否認傷害的存在。父母與原生家庭帶來的創傷也好，或是遺傳的印記也好，它的確存在。但你要不要讓它繼續影響你，是現在這個當下的你可以決定的。所以我在做這些練習的過程當中，其實都只是想要告訴大家，持續做練習，首先你會得到一個空隙，那個空隙就是比方說你知道「我在內耗了」，或說「我知道這個模式又重新出現了」，知道了之後，就把它放到一旁，然後讓這件事情不要再跟你有關係。

不用再加注說怎麼又來了、都是我爸的錯，一定是他小時候對我不好；我是我們家最不受寵愛，但是又付出最多的那個孩子……停！要不要付出是你可以決定的，你為什麼要把自己放在那一個位置上？一面付出一面說：

「他（另一個手足）就是一年才回來一次。」

我說：「你也可以一年回來一次啊。」

「不行啦。這樣爸媽沒人管。」

「那他為什麼可以覺得沒關係？」

你既然決定要擔起這個責任，想要成為一個不管是別人看待你，或是你覺得這是你必須要擔起的責任、所謂孝順的孩子，那你就成為那個你想成為的人，就當自己是獨生子女就好了。你已經付出很多了，還要付出更多的精力去抱怨，真是太！內！耗！了！

認出現狀就可以了，無需在它上面加注任何的能量。但如果這件事情會影響你要不要成為一個孝順的人，那其實你的孝順是有條件的。有條件也沒關係啊，因為那是你可以決定、承認的：有條件也沒關係。有時我很怕人家說什麼無條件的愛之類的，誰會給你無條件的愛？大部分的人都是普通人，你怎麼能夠要求別人給你比方我們常常說母親的愛？我們是不是對母親有太多不合理的苛求，卻忘記我們的父母也是有了孩子後才學會當父母的。

為什麼總說要活在當下，因為每一個當下都可以是一個新的開始，你之所以讓過去不斷地像惡夢一樣糾纏，其實也就是你允許它這樣做而已，而當你意識到其實你是有選擇權做這個決定的時候，首先你已經得到了至高無上的權力：決定你生命的權力。很多療癒，可能它可以救急，就跟做手術一樣，但最終要怎麼療癒你自己的身體與心理，成為一個健康的人，就是拿回全部的責任跟權力，然後認真地去面對它。

而且我也一直很想跟大家說的就是：不要害怕。很多人心裡有恐懼，害怕為自己的人生負起全部的責任，但它真的沒有你想的那麼難。就像我有一些朋友會覺得我很厲害，可以面對自己的陰暗面。但我真的很想跟他說，其實我一點都不厲害，我膽子小得不得了，又很怕痛，可是我心裡想的是：我不想要一輩子都擔心害怕。我不想要每天晚上躺在床上輾轉難眠，覺得心裡有未竟之事；我不想要有無法面對的、無法回過頭看的過去，我不想要再讓那些不堪成為我生命的包袱，我不想要再這樣做了，而這種想法大過所有的恐懼，於是我只能硬著頭皮往前走，而我走過的經歷，讓我想跟大家說：真的沒有你想像的可怕。

想像出來的恐懼是最可怕的。就像小時候在聽司馬中原的廣播那樣。當那些故事拍成電影的時候，我都覺得這鬼真的很假、這特殊化妝化得有點差吧？所謂殭屍就是這個樣子嗎？可是當它只有聲音的時候，你會腦補那個畫面，而你會找你最害怕的東西去填那個恐懼。史蒂芬金的小說《It》（裡面的鬼會幻化成你最恐懼的樣貌）是這樣，《鬼滅之刃劇場版．無限列車篇》（故事裡的鬼〈下弦之壹〉魘夢利用的是人心裡最不捨柔軟的情份去操弄人心）也是這樣，當你看到了它只是一個幻象的時候，其實你就可以穿越它了。你得解決最終的問題，而不成為恐懼的奴隸，就只能像鬼滅的主角炭治郎那樣，穿越它。

關於內耗還有一個故事，發生在我第二次閉關禪修的時候。那次閉關的主題是南傳佛教的練習法，很簡單，就是不斷地呼吸，專注你身體當中的某一個點，當你心裡面生起某一個念頭的時候，其實也就是簡單地意識到它升起，然後把它放到一邊。嗯就這樣。每天下午，我們會有一小段時間可以小參，向帶領我們學習的師父提問，也報告一下今天閉關時有什麼感受，師父會根據疑問做一些回應，引導學員們繼續往下走。我記得有位同修說：師父，我睡了三天怎麼辦？師父只是簡單地說：沒關係，你睡飽了就不會再睡了。

當他那樣講的時候，我覺得這個答案真的太棒了。這個問題可以放下不需要再內耗了，你會把那三天你做的所有事情往後丟，想著沒關係，今天又是重新開始，這個呼吸又是重新開始。打坐的時候一直在睡覺本來是一個沉重的自責，可是當師父這樣說完，突然間就沒煩惱了。

有一本傳訊的書叫《阿波奇：一個關於你的故事》，裡面有一句「咒語」：「任何時候都覺得任何時候是完美的」。當我把這個咒語拿出來練習時，就覺得我的心情平靜很多。比方說以前出去旅行的時候，我總是對行程上的延誤過於焦慮。可是如果「任何時候都覺得任何時候是完美的」，會不會是因為祂想要讓我遇見某個人？如果每一件事情都是最好的安排，我為什麼不來看看是什麼安排，而不是花時間去抱怨事情為什麼沒有照我的安排走？因為這麼想基本上也是一種內耗，在事情沒有照你的期待發生時，又強加了一些情緒在裡面，過於糾結已經發生的事情，而不是活在現在這個當下。

所謂的臣服真的是需要練習的，而且並不是每一個狀態都容易欣然接受。可是當你走過了某些執著，比方說有勇氣離開一段不健康的關係，明白自己的價值不必依附在一段關係或他人的認同，知道你可以決定你的人生，此時你才會知道，的確「任何時候都可以覺得任何時候是完美的」。我覺得這也是時間好玩的地方。以前看到書上說，現在過去未來都是同時發生，我心想，那是個理論吧？但當我明白，當下的每一次領悟，會影響我對過去發生過或未來將發生的事的看法，這不就是一種「過去現在未來同時發生」？每一個當下都可以是一個新的開始，是你生命的轉捩點。

而我在這個世上的位置，就是當下，就是這裡。

你有在這裡嗎？

10 感恩是CP值最高的修行

不曉得大家有沒有一種體驗，就是有時候心裡會莫名奇妙地生出某種幸福感？我最近常常有那種光是坐著就覺得感恩，或是覺得「啊！當下真好！」的心情。「感恩」這個詞很微妙，因為我看過很多心靈成長的書，沒有一本不講感恩的。雖然有很多人會說感恩無用，或是感恩已經被講爛了，但我覺得那其實是因為這樣講的人，沒有意識到他為什麼做這個事情。

有些人之所以感恩，是因為書上說好處很多，我想要得到後面的某種後果，這個感恩本身已經不是真心的感恩了（當然有些人感恩感恩著也就弄假成真了）。就好像我們去吃日本料理或是進便利商店時，會聽到工作人員在你進門時喊出「歡迎光臨」一樣，那句話裡有沒有能量還是虛應了事，其實是騙不了人的。

感恩的發心很重要。你的發心有時候真的比你所做的行為來得更重要，有些人表裡不一地在做善事，他不是真的希望別人好，而是因為他想要得到他對別人好之後帶來的形象也好、稱讚也好，或者是「那不就是會得到善果嗎？」的想法，讓他做出這樣的行動。可是光是這樣想，所創造出來的業力就是完全不一樣的。發心很重要，而發心誰能驗證？老實說只有你自己。所以你也得無時無刻地跟自己靠近，不斷地檢視自己的發心：你是誰、你為什麼這麼做？

當我在做感恩這件事情的時候，我是真真切切地感受到我跟這個世界充滿了連結。比方說我很感恩我現在在用的這個筆記本能來到我面前，它是我喜歡的顏色，我喜歡的設計，它做了一個橡皮筋可以綁住本子，所以我可以夾一些東西在裡面；裡面是寫起來這麼舒服的紙，設計它的人真是太棒太用心了。我現在用的這枝筆有夠便宜、有夠好寫，還可以不斷地更換筆芯，更換顏色，真是好玩又環保，開發這枝筆的人真值得感恩。這杯茶超好喝的，這裡的工作人員都超級溫柔的，這個溫柔會讓我覺得我很重要。我謝謝他們，他們沒有看輕自己的工作，也因為這樣，我在這裡工作的時候，我也不會看輕我自己的工作，因為我是被一群不看輕自己的人圍繞著的，我對此相當感恩……

我每天都可以列舉數百種可以感恩的東西。我剛剛去吃了一家好吃的雞湯，我清楚他們食物是乾淨的，那一口湯、那口雞肉，吃完之後會覺得有被支持的感覺。我不知道其他餐廳裡的食客是怎麼想的，但至少在我面前的那道菜，支持了當下的我。

真正的感恩，可以讓你感受到自己跟這個世界有很深的連結，而當你明白這件事情的時候，會對自己的存在有更不一樣的看法。我們沒有辦法獨立於其他人存在，而你的存在是有這麼多人在支持著你，同樣的某方面來說你也支持著很多人。所以當你說我不管別人、別人都跟我沒關係的時候，其實你放棄支持的是你自己。你把你跟別人分得太開了，沒有意識到其實大家都是一體的，因此你讓自己變得很孤單，就好像你只對你的頭好，但對你的手腳都很不好。你誤以為你的頭就是你人生的全部了，可是你忽略了，其實你還有脖子，還有其他身體部位。

而感恩真的是最簡單ＣＰ值也最高的修行。

感恩是最棒的吸引力法則，試想：有兩個人站在你面前，一位總是充滿感恩並時時刻刻把周邊的人放在心上，另一位則是認為人生必須單打獨鬥，所有的成就都來自個人的努力與他人無關。若你是所謂的貴人，你會選擇幫助誰？

有人可能會說，有些狀態真的是令人感恩不下去啊！這時我會建議你把頻率拉高一點看待當下的處境，若你能嘗試用全然的角度看待發生的事情，就會發現，其實每個人也只是在稱職地扮演自己的角色。稱職地激怒你，稱職地給你考驗，完美到讓你忘記，在屬於你的遊戲裡他們只是NPC。若你能意識到我們其實也都只是一個大藍圖中的小拼圖，或許你會用不同的角度欣賞每個人的存在，並感恩那些在你生命中的發生。

感恩讓我活在當下，活得覺察。

感恩讓我心生喜悅，隨時隨地都充滿了愛。

11 發心比行動更重要

前一陣子跟一位當老師多年的朋友聊天，他說起幾年前遇到的困擾。起因是他沒有給一位表現出色的學生獎勵，而是給了另外一位，最後這位學生的家人氣不過，在網上公審老師。這件事讓我朋友很迷茫，他說他之所以做這個決定是因為兩位同學實力相當，但另一位可能在其他部分也做得很好，獎只有一個，幾經考量，他做了他覺得對的決定。這樣的結果讓他很傷心，不明就裡的人在網上謾罵他，他收到許多陌生的攻擊，對於自己投身多年的教育領域也覺得沮喪。席間還有另外一位朋友說：哎呀當老師不用那麼認真，以後就用混的就好，免得自己太難受。

其實我沒有看到那篇文章也不清楚當時事件的來龍去脈，但同桌還有這位朋友正值青少年的孩子，我覺得我好像該說些什麼。

於是我說起了一本我很喜歡的書叫《我可能錯了》，作者是來自瑞典的作者比約恩・納提科・林德布勞（Björn Natthiko Lindeblad）。他曾經是個有著經濟學家背景的企業主管，在二十六歲人生大好的時候，毅然去了泰國出家。成為僧人十七年後還俗，後來找到一生摯愛結了婚，還成為心靈導師與暢銷作家。書中描述了他求道的心路歷程與體悟，充滿了智慧幽默還有慈悲。

裡面有個故事我一直念念不忘：他提到他在泰國出家時遇到的第一位住持阿姜・帕薩諾，是位加拿大人。在他出家十六年後第一次回到家鄉探視家人。晚飯後，阿姜的堂哥為他倒了一杯威士忌，他拒絕了。堂哥沒有放棄並對他說：「喝啦！反正又沒人知道。」他只說了一句：「我會知道。」

我跟我朋友說，當老師這麼多年，你應該也有遇到很喜歡你的學生與家長，真心感謝過你陪伴他們走人生的一段路吧？他眼睛馬上放光，說：當然！

或許那位傷心的同學真的很失望，他的家人也需要為這個情緒找個出口做點什麼，他們可能做了一些讓你不是很舒服的事，但如果因為這樣，你就忘記你當老師的喜悅就真的太可惜了。我沒有想要指責那些用很混的態度當老師的人，或許每個人都有不為人知的傷口，但我想，在你午夜夢迴甚至在人生最後一哩路的時候，你希望回過頭來看自己是一個什麼樣的老師呢？

你是為了得到一份固定的薪水而選擇教職？或是認為這份工作可以得到認同與尊重？還是你真心希望能當個好老師，陪伴那些在成長路上茫然的孩子們一段旅程？

最終，那個蓋棺論定的成績單上的評語與數字，是我們給自己的，因為，你會知道！

成為那個年輕時你想遇到的老師，成為那個年幼時你想遇到的父母，成為那個你在生命中最想遇到的朋友，成為那個表裡如一真誠面對自己也面對世界的人。光是這樣單純地發心，你就會成為表裡如一又自在的人。

這裡我想用另一本給我很大啟發的書《薩古魯（Sadguru）談業力》來做說明。他提到：業的累積並不只是做了一個行為，而是你「如何」去做，帶著什麼「動機」去做，這才是關鍵。

最終，還是回到自己。

方法可以學，結果不是我們能操縱的，但你的發心是你能決定的。謹慎地審視每一個發心，因為即使別人不知道，你會知道。

12 再怎麼修行也是要好好過日子啊

爺爺過世帶給我非常大的震撼。他是這輩子第一個教會我無條件的愛的人，當這個很堅實的支持不在的時候，我整個人像散掉一樣。他的離開，逼著我必須要提出一些問題。比方說我那時候提出最大的問題就是：他去哪裡了？我們還會再見面嗎？接著下一個問題就是：我們是從哪裡來的？我為什麼會在這裡？我是誰？當我有這些叩問，我的學習就開始了。

我在心裡面下定一個決心：我要得到答案。就好像《牧羊少年奇幻之旅》說的：「當你真心渴望某樣東西時候，整個宇宙都會聯合起來幫助你完成。」而當我認真地問一個問題，尋找答案的人生就會在我面前展開，所以我要很謹慎地問問題，因為帶來答案的體驗會不斷地來到我面前。

在我心裡疑問最大時我開始大量地閱讀、去上一些身心靈的課，我把能夠找到的、覺得跟我的調性符合的身心靈的書，基本上全部看過了。那時的我得出一個結論：我要成為一個開悟的人！那就是我的終極目標！以至於有段時間我非常追求所謂的靈性體驗，一定要痛哭流涕、一定要毛孔都打開，一定要有感應、要連結、要靈動之類的。當我身心靈的書看多了，無形中，就被這些東西困住，誤以為必須得到這樣的體驗，才能夠到「那個地方」。

我的確一度被「開悟」或「覺醒」這兩個字困住了，或說我被所謂的靈性體驗困住了、被很厲害的某某大師困住了，我好像要去追求什麼，就得去上他們的課，我得在他們旁邊，得想辦法愈靠近愈好。我想是不是靠近他了，他的氣場就會碰到我呢？如果他摸我的頭、給我灌頂，是不是我的天靈蓋或者說我的頂輪就會開？但誠實地說，我有時候去參加一些聽起來很厲害的活動，但我就是像治療末梢神經的藥廣告裡的阿嬤：沒感覺啊！

直到在一趟峇里島的旅程，我見到了一個叫「開悟查理」的男人，他在那經營一家肥皂公司，專做天然肥皂，也提供當地婦女一些就業機會，讓她們可以一面照顧小孩，一面謀生。他再把肥皂賣給民宿、飯店，還有我們這些所謂的靈性旅行團。他似乎符合許多人曾經闡述的對開悟的想像，當我們有機會一起靜心的時候，我心裡還吶喊著：我要去他那裡！

幾年後，聽說查理出了車禍，他的女朋友「們」到了醫院才發現他同時劈腿其他女孩子。開悟查理儘管開悟了，卻還是讓很多人痛苦。

這件事讓我明白：重點不是你開悟了沒？而是開悟之後，你要怎麼過你的每一天。如果你瞥見了開悟的狀態，但回過頭你依舊很瞎、很白目，還是在生氣、在斤斤計較、在喋喋不休，在讓別人為你受苦——所謂的開悟之於人到底是個什麼東東呢？

套句薩古魯的說法：你如果真的開悟，就離開這個世界啊！那你在這邊幹什麼？

這些學習確實不見得能讓我開悟，但我希望我能夠好好地過每一天、很真誠地對待每一個來到我面前的人，然後舒服又輕盈地，用自己最喜歡的方式度過下半生，這就會是我這一趟旅程最好的學習。

疫情期間，我有香港的家人過世了，因為無法奔喪，我決定唸一百零八遍的《金剛經》迴向給她。很奇妙，明明是同一部經，每次唸都有不同的體悟。就像一面鏡子一樣，照見當下的我的內心。其中有一個很深的體悟就是：不要執著路上的風景。如果只執著在某一些相的話，充其量也就是那樣而已，但沒有去到那個最終的地方。路上的風景再美，它也只是過程。如果忘記了自己要去哪裡、以為你已經到了那個地方——孩子，你還沒到啊！你只是坐下來乘涼而已，不要被半路的風景迷惑了，該起行的時候，你還是得起行啊。

但讀著讀著，我彷彿又明白了一些事。

我去上課、打坐、靜心，去所謂的靈性旅行：去不同的能量點、見不同的通靈人，問他們問題，尋找前世今生的關係，彷彿這些東西只要解決了，我就會更靠近開悟一點點吧。可是修行之所以好玩就是：你總有一天會明白，其實沒有哪裡可以去。

它不是一個突然之間的「啪！」——我明白了！像個閃電一樣的「我頓悟了」。我沒有要去哪裡，我就是在這裡！它就是在很多小事情上會不斷地提醒你：「你要去哪裡？你要去哪裡？你不就在這裡嗎？那你有好好地在這裡嗎？」如果你連這裡都沒有辦法好好地待著，你去哪裡都是一樣的。不管你得到了所謂狂喜的體驗，發現了身體裡的拙火，或是去了再多的能量點、見了再多的上師，給你很多的加持，送給你一堆佛珠，然後你唸了一百、一千、一萬次的經，「嗡、嘛、呢、叭、咪、吽」，每天可以在蒲團上坐七、八、九、十個小時，過午不食……這些所有的事情都做完了，然後你心裡面還是想著「我要去那裡」——沒有那裡。

看著自己的同時，我也看著身邊的人。我也遇過一些人會借錢去上身心靈的課，彷彿追尋過後，去到那裡，得到了一個宇宙的能量，就可以變成更好的自己。可是你沒有解決你眼前最重要的問題啊！你的溫飽呢？你的家人呢？你自己真正的快樂？借了一筆錢、去了一個地方，之後回來不斷地還債，然後再借一筆錢再去一個地方。在我看來，那更像是逃避。

上課到某個程度的時候我問我自己：我要上到什麼時候呢？如果我不斷地追尋，不斷認識通靈人，我要認識到什麼時候呢？他們到底可以帶給我什麼？我是不是把自己的力量交給他人，而忘記其實那些力量與信任應該放在自己身上呢？當然認識某些通靈人，心裡還是會有一些開心的，因為有些通靈人連接的管道很暢通，的確也能夠說出一些，真的不是一般人能夠說出的話。就像是跟一位很有智慧的長者聊天，讓我嘗試用他們的頻率看待我所處的世界。但最終，用這個身體過每一天的人還是我啊！要是我聽了一堆「大師」的開示，卻壓根沒法在自己的生命中實踐，我聽這麼多是在集郵嗎？

我不斷地在探問然後呢、然後呢、然後呢？後來我發現其實根本就沒有然後呢。你要過好的就是每一天、每一個當下的你自己；每一個來到你面前的人，你有沒有善待他？每一件來到你面前的任務，你有沒有認真地完成它？你有沒有辜負你的每一天？對我來說，其實就是這樣而已。如果開悟就是我的目的，我一直沉浸在這裡面，我可能到不了這個目的地。可是很妙喔，如果沒有這個想要，我也沒有這個旅程。

見山是山，見山不是山，見山還是山。

以前我會把我的靈性生活跟現實生活分得超開的，可是後來發現這個分別心其實讓我很分裂：我為什麼要區分靈性生活跟日常生活？為什麼要把我的工作跟修行分得這麼開？它為什麼不能是同一件事？而當它是同一件事情的時候，不管我有沒有去到所謂的能量點，我都在修行。

我在靈性之旅的時候也是很世俗啊！也是想要吃好睡好啊！禪修的時候，升起最大的貪念就是：為什麼出家人可以在在家眾前先打飯？輪到我這如果只剩下我不吃的食物怎麼辦？師父你不要再講了，飯已經涼了，飯涼了就不好吃了。老師你不要再講了，不要耽誤我睡覺的時間，差五分鐘我都覺得我沒有辦法睡飽，明天四點多還要起床打坐啊！

當我這些分別心出來的時候，我都會覺得：等一下，曾寶儀你不是要來禪修的嗎？你不就是來斷絕欲望的嗎？你為什麼會這麼計較這五分鐘？你為什麼會計較飯菜涼了，還會這麼計較你的食欲、你睡覺的欲望，這些東西對你來說有這麼重要嗎？你不就是來修掉這些東西的嗎？可是這些想法非常固執地糾纏我不清，即使我已經做了禪七，沒有手機、沒有iPad、沒有網路，然後每天打坐行禪、打坐行禪，過午不食，禁語，我都還是被這些東西魔障——我必須要說它是魔障啊！那一刻我才發現，如果在家有好好地覺察，我就像是在出家；如果在出家的時候依然被這些東西魔障，出家也是白出，因為這些所謂的習性與執著，還是不斷地糾纏著我。規矩只能規矩我的行為，沒有辦法規矩我的心，可是真正要修的對我來說，其實是心，只要我的心修好了，我就算在喝酒，我依然可以很清明地在喝酒（當然喝醉後很難清明就是了）。

我在峇里島那趟旅行，還曾經在一個叫子宮神廟的地方做黑暗靜心。那時我突然得到一個靈感，就是「不如來唸一遍《心經》吧」。因為《心經》是我唯一會背的經典。我是在二十幾歲的時候遇到這部經典的，當時我歷經生命的某個考驗，而一位師姐跟我說，你就一天唸個十二遍《心經》，這個劫數就會度過。一天唸十二遍，唸著唸著其實也就會背了。至於那個劫數到底有沒有因為我唸了心經變得沒有那麼「劫」我也不知道，反正那之後沒事我就會自己背一遍。

當我在完全漆黑伸手不見五指的山洞裡唸出「觀自在菩薩」的時候，我突然開始大哭。一邊哭，我一邊哽咽地在心裡一個字一個字唸了《心經》。直到那個時候我好像才明白《心經》在講什麼，我一邊痛哭流涕一邊覺得「我懂了、我總算懂了」。唸了這麼多年，我一直以為它就是一個讓我度過劫難的經，或它就是一個「色即是空，空即是色，色不異空，空不異色」，就是以前我們在看電視劇的時候，裡面的和尚會唸的東西——我唸了這麼多年，只是讓字流過而已。

那次對我來說是一個很特別的體驗，其實很難用文字描述，簡直哭得莫名其妙，到現在我都不知道那是什麼。但後來我回想，我得到一個很深的體悟：你出家了，但如果你的心沒有修，你跟在世、入世是沒有什麼兩樣的。而如果你入世了，可是你的心總是覺察在當下，其實你跟出家也是一樣的。

「色即是空，空即是色」可以運用在所有的地方，「受想行識，亦復如是」，「眼耳鼻舌身意」、「色聲香味觸法」全部都是一樣的，它是真的，它也不是真的，你的世界是真的，它也不是真的。我們覺得這個世界很堅實、這些物質很堅實，它是真的，但當我讀了量子力學後，發現其實所有的東西都是能量的聚合，意識的聚合，《心經》用一個最簡單的方式早就告訴我了。

而我實踐或說練習的方法，就是當我面對一些困難的時候，或者說當我面對一些懷疑的時候，我再唸一次，然後再對照一次，我就知道：好，如果它是真的、它也不是真的，我現在要站在哪裡？我要用一種很真的方式去面對它嗎？還是我要用一種它是空的方式去面對它？還是我可以心裡很空，但人在「有」、「色」的世界？

於是我得到了一個遊走的工具，而我在那個工具裡面變得很自由。只要我記得，我隨時可以調整自己的頻率，看當下我想要站在哪個角度看待事情。我可以很投入，也可以很超然。

我有選擇。

如同楊定一博士在《療癒的飲食與斷食：新時代的個人營養學》結尾說的：「生命，並不是一個人去體驗靈性，而是完美的靈性來體驗人生。」只要我帶著這樣的品質生活，又何必過度區分出世與入世，世俗與靈性，工作與日常，色，還是空呢？

第三部

富足與日常

Part 3

《薩古魯談業力》這本書裡還有個我很喜歡的故事：有個人在經過工地時看到三個人在工作。他問第一個人：「你在做什麼？」他回說：「你看不出來我正在切割石頭嗎？」他問第二個人，他回答：「我在養家活口我需要賺錢！」再問第三個人，他喜悅地說：「我正在蓋一座莊嚴的廟宇！」

我們活在什麼樣的世界，取決於我們將自己放在什麼樣的格局中。我們可以把自己當工具，或是選擇以單純賺錢謀生的角度看待自己，也可以選擇成為為他人服務的存在，更可以超越這些，以一種更大的使命感，活出屬於自己的人生，而這個使命感是由我們自己定義的。當我們以更大的使命感看待自己的人生時，就能夠保持平衡，不會把自己看得太小，也不會把自己看得太大。我覺得光是這樣的拉扯跟學習，就值得我們練習一輩子。

1 健身教練的故事

我的健身教練一直很致力於想要推廣像《極限體能王》這樣的運動。過程中必須挑戰很多不同的關卡，就像是我們小時候看的競技節目《百戰百勝》那種關卡（但沒有大魔王在旁邊干擾），需要全身肌肉平衡與發力，挑戰的不只是單一的運動技能，講究的不只是體力耐力，還有全身的協調。所以最後能夠成為極限體能王的人，不見得是健身最強、力氣最大的那位參賽者，但可能是平均分數還有意志力甚至判斷力也是最好的那個人。我的教練一直很努力於推廣這項運動，所以他也在台灣辦了好幾年極限體能王的活動，並邀請國內外出色的選手來比賽。

前一陣子我的一位主持人朋友跟我說，他的製作單位想要做一個台灣版的極限體能王電視節目，我就跟他說剛好我的健身教練就是在做台灣的比賽，如果需要我可以提供聯繫方式，另一方面也跟教練轉達，有人想做這個節目，如果有人找你合作的話可以注意一下。隔了幾個月後，教練說真的有製作單位來找他當顧問。我們還彼此確認那個主持人是不是誰誰誰，確認後，我說那就是這個節目，可以試著去談看看。

不過到了中間他開始有許多不明白，因為畢竟做專業運動的跟做娛樂節目的觀念有些落差。做節目需要視覺效果，做運動比賽的要求運動的精確性和安全性，所以他會提出一些看法，但是有時製作單位會表明預算不足，需要妥協。他會跟我聊這樣是不是不夠尊重專業，我也樂於分享演藝圈的角度，大家都想把事情做好，但是彼此原本的經驗與學習不一樣，所以對事情的看法也不同，在理解了彼此立場不一樣後，怎麼溝通處理對方會比較容易接受建議。

進入拍攝期後發生了一件插曲，主要是最後一個關卡難度最高有危險性，製作單位跟教練說，能不能請他再安排一個教練，在關卡做一個保護措施，如果有人從上面掉下來的話，可以讓參賽者不要受傷。

製作單位當場給了他一個預算。他看到預算時心裡有些嘀咕，不知道該怎麼往下談。於是我跟他說既然你是顧問，每次錄影都會在現場，不如就跟他們說，你願意接下這個工作。你不但可以領到兩邊的薪水，也給對方一個承諾：如果你有事不在現場的話，會另外找一個教練來顧這件事情，不需再付額外的費用。下次再見面的時候他很高興地跟我說，他不但把這件事情保下來，也得到了一份他覺得相對受尊重的酬勞。

過沒多久，他跟我分享他那天在街上走路突然意識到一件事情：他正在活著一個他很滿意的人生，因為他原本就是想要推廣這個運動，獨自努力多年後終於得到了這個機會。也因為這樣的轉折，得到了一份相對來講不錯的待遇，對他而言，這真的是人生非常美好的事情，內心充滿感恩。

我剛開始得到主持這份工作的時候，一心想著要多賺點錢好去國外讀書。後來簽了經紀公司，逐漸明白所謂的演藝圈不是你想進就進得來、想出就出得去的。每次當我有點喪志想說，會不會這就是我最後一個藝人工作，之後我可以轉去做別的事，但總會有新的有趣的邀約來找我，讓我做著做著二十年也就過了。可能主持一開始並不是我在小時候作文題目「我的志願」裡寫的答案，但就像格林童話的《漢賽爾與葛麗特》裡，兩位主角為了記得回家的路，沿路放下石頭做標記，就是路上一顆又一顆的小石頭讓我走到現在。

於是慢慢我才明白，我好像天生下來就是要做這件事的，不管那是所謂的人生藍圖還是使命，我就是被命運一步一步帶到了這。不管別人怎麼想，我也不再看待主持人只是一個活動裡走流程的工具人，而是明白我是為了成為管道而讓這個職業挑上了我。我要做的不是擔心下一個工作在哪，而是我是否為了成為通暢清澈的管道好好修煉我自己。因為我知道，當我準備好了，明白我價值的夥伴，與我匹配的工作就會來到我面前。更別說，有人願意付錢讓我做我喜歡的事，我能不充滿富足與感恩嗎？

其實很多事情就是這樣，當你想通跟明白一些事情的時候，很多因緣就會俱足地來到你面前。你會發自內心地明白，你為什麼在這個位置上扮演這個角色，充滿熱情地付出努力，不管是使命感或是責任感也會油然而生，不會只把自己看作是一個工具或是執行任務的人。你終究會理解，所謂的富足不是只有單純內在或是物質上的，它們會方方面面地以不同的形式來到你面前。而當那一刻來到，或是你總算看見的時候，你會發現人生是如此地美好。

2 打掃阿姨的故事

我們家打掃阿姨在二〇二三年三月過世了，她的女兒上來台北且和我見了面。與她見面吃飯的時候，我們一面不停地哭，一面聊到阿姨對我們生命造成的影響。我覺得這樣的分享與相聚，其實是一個曾經活著的人為這個世界留下最美好的事情。

她女兒說，雖然她不願意承認，但是無形中她也變成一個很會打掃跟整理的人，因為從小跟著媽媽生活，所以她知道那些撇步。然後我也說，雖然阿姨這一年都沒有來照顧我們家了，但其實在家裡的每一個角落，我都還可以意識到她留下來的痕跡。她當年是怎麼打掃這個家裡、怎麼照顧我的植物，她離開後我的綠色夥伴們一個接著一個枯萎。

我發現綠手指真的是需要天賦和練習的。她在的時候，我心裡面總是很輕鬆，因為我知道她是一位很知道怎麼照顧一個家的人。她那種在照顧一個空間的篤定，也讓我得到許多寶貴的學習。而她僅僅只是一位打掃阿姨嗎？我從不這麼覺得。

就像我們有事沒事都會跟她討論，廚房要怎麼打掃？廁所要怎麼打掃？那裡面有太多的學問了！我很清楚地知道，即使她已經離開這個世界，但她留給我的，留給這個家的，一直都在。

我常常說，整個城市最不可或缺的人是誰呢？是收垃圾的人。你知道，如果沒有人收垃圾，沒有人整理行道樹的落葉，堵塞了下水道，整個城市就會陷入混亂。

之前在網上看到有位媽媽對孩子說，如果你不好好讀書，以後就會變得像他（指著正在工作的清道夫）一樣收垃圾。聽到這樣的話我都會有點難過。我們是不是太習慣用所謂的體面或酬勞，甚至是工作內容，來評斷一份職業的重要性了？我們有理解整理市容是一項非常不容易的工作嗎？這需要多大的體力和堅持？或許這不是一份需要高學歷的工作，但絕對是無可取代並值得尊重的付出。或許在某些年代，這可能是一個無奈的選擇，但如果能夠用更大的視野看待自己正在做的事情，就不會小看自己的工作。

他在維持的是一個城市的營運。我看到的不只是一個收垃圾的人、不只是一個做清潔工作的人，不只是一個幫助別人家裡打掃的阿姨。我不曉得，我有沒有能力告訴每一個我看見的人，他們活著，其實是有更大的意義等待他們發現的，不是這個世界給他的標籤跟定義，但我希望每一個人都能夠活出那個更大的意義，要不然跟著世俗價值看輕自己也太可惜了。

3　一個我這輩子都不會忘記的笑容

大概八年前我去柬埔寨工作的時候，在金邊的機場廁所遇到了一位清理廁所的打掃阿姨（欸對，又是清潔人員，我總是在這些偶遇中看見美好）。那是一個很一般的機場洗手間，可是非常乾淨。從廁所出來後，打掃阿姨立刻過來幫我開水龍頭讓我洗手，還遞給我毛巾，我恍然有種置身拉斯維加斯賭場洗手間的感覺。

我受寵若驚地想著：這是五星級飯店才有的待遇吧！而我竟然在柬埔寨的普通女廁，還不是VIP休息室的女廁得到這樣的服務！我說了一聲Thank you，她不會說英文，取而代之的是她給了我一個非常燦爛的笑容，一個我想到眼眶都會紅的笑容，它太單純又太綻放、太溫暖……我們常常見到笑容，可是每個人的笑容背後其實都還有不同的故事跟解讀：它是苦笑嗎？它是微笑嗎？它是理解的笑呢，還是放鬆的、明白的笑？每個人都有笑的理由，但那位柬埔寨阿桑就是，笑了，接收到我的感恩與善意，單純地笑了。

我真的是衝出去廁所，然後跑去跟我的經紀人說：快！你身上有多少零錢先給我，最後我倆翻開彼此的錢包竟然只湊出一塊美金。我跑回去，雙手把那一塊美金給她。除此之外我也不知道要怎麼謝謝她。她又笑了，而且很驚訝，因為她對我笑、服務我並不是為了這個。我很欽佩那個笑容，而且我會一輩子記得。我後來是哭著走出洗手間的。

我在想，一個人到底要有什麼樣的條件，才能夠笑得那麼開心？我猜想她如果在那裡工作，待遇可能並沒有多好。再看她滄桑的臉龐，想必也經歷了不少辛苦。但我好想知道怎麼像她一樣，沒有任何條件地，像那樣發自內心單純地笑出來。即使我只見過她一面，但那個笑容對我來說無比的珍貴，讓我記到現在，想起來的時候胸口跟眼睛都還會熱熱的。

4 工作不是貼在你身上的標籤，而是你用來體驗這世界的方式

這章的最後我想跟大家分享一部電影。德國當代電影大師文．溫德斯（Wim Wenders）執導，也讓主演的日本傳奇影帝役所廣司得到坎城影帝——《我的完美日常》。

這部片說來奇妙，起初這個案子本來不是一部電影，而是因為東京要舉辦奧運，所以他們在城市裡蓋了十七個有主題的公廁，然後主辦方請文．溫德斯來幫這些公廁拍一些短片做為宣導。文．溫德斯就想說如果沒有限制什麼都能拍，那他想找役所廣司來拍公廁清潔工的故事。因此役所廣司就演了一個打掃公廁的人。從清晨微光之際的起身，到日正中午進行廁所清潔，再

到日落時享受泡湯，最後在夜晚閱讀後入睡，電影拍攝的就是這位清潔工的日常。

我在金馬六十的活動中訪問過役所廣司，他跟我分享拍攝時真的去學了很多打掃的技巧，甚至拍攝中還遇到不知道正在拍片的民眾闖入想使用廁所，他還真的就像專業人士教他的那樣先離開讓需要的人先上，再完成工作。每個細節都沒有馬虎。

日常，就是日常。起床澆花刷牙，在門口的販賣機投幣買一瓶咖啡，在去工作的路上聽他喜歡的老歌卡帶。不厭其煩地打掃，用心打掃。帶一個便當去附近的寺廟樹林，一面吃，一面觀賞樹蔭帶來的不同光影。去大澡堂泡澡，去同一個餐廳用餐，最後就著夜燈看幾頁文庫本小說入睡。假日就把需要洗的衣服拿去投幣式洗衣店清洗，到照片沖洗店洗他隨手用底片相機拍下的照片，或者去喜歡的居酒屋喝一杯，然後再準備下個禮拜一模一樣的行程。

既然是電影，像人生一樣當然還是會有偶發事件。還是會有年輕同事突然離職，外甥女離家出走來投靠，與久未聯絡的妹妹對話，這樣的事情讓例行的生活產生漣漪。但第二天，他會依然照著自己的節奏，把他習慣的生活再過一遍。

就是這樣一部電影，讓我在片尾哭到停不下來，是會哭出聲音那種，久久無法從座位上起身。離開的時候還聽到旁邊的年輕觀眾說：「吼，後來只要他準備睡覺，我也就睡著了。怎麼一直在拍睡覺啦！」

果然不同的人會看出不同的滋味啊！

首先我得稱讚，影帝就是影帝，換作是另一個人，我不知道我是不是有同樣的耐心看完這部片，但因為他很專注並有滋有味地完成日常，所以我並沒有因為重複而覺得無聊，反而每看他重複做那些事，都能看出不同的況味（這就是功力啊！）

再來我要爆雷了（不好意思）。

電影的最後一場戲是他依然開著車去上班，迎著晨曦的路上，他在車上放起了妮娜．西蒙（Nina Simone）的〈Feeling Good〉，就著歌聲，一鏡到底地拍著他，聽著聽著笑著流淚的特寫，就對著他的臉，整整一首歌！就是那裡我哭到不能自已。一方面驚嘆我何其有幸地目睹了一場精湛的表演，而且是在大螢幕（這真是太好了），另一方面，我總算明白為什麼大師要拍這樣一部旁人可能乍看起來無聊，但其實富含深意的電影。那首歌說明了一切。

他每天早上出門的時候會抬頭看一下天空，不管是晴是雨，他都明白這是嶄新美好的一天而露出微笑。即使是同一棵樹影，也因為陽光的角度，風吹過樹梢的力度，而帶來不同的風景。每天閱讀的睡前書，帶他進入不同的世界，給他不同的視野與洞見進入夢鄉。即使是重複一次又一次的清潔擦拭，他也明白他全心的服務，讓不同使用公廁的陌生人得到乾淨安心與私密的環境。他要的不多，但他知道他擁有的已經很多，而且這些很多讓他足夠幸福，幸福到不需要符合這個世界對幸福的想像，因為他已經富足。歌詞最後唱到「Freedom is mine, and I know how I feel. It's a new dawn, it's a new day, it's a new life, for me. And I'm feeling good!」在大家覺得路．瑞德（Lou Reed）的歌〈Perfect Day〉是《我的完美日常》的主題曲時，我覺得〈Feeling Good〉才是主創最終想跟大家說的正解。

他沒有活出一個很美好的人生嗎？他「只是」一個打掃公廁的清潔工嗎？不是的。我覺得在他的日常生活裡面，他完全明白了，我為什麼是人，我為什麼活在這個世界上，我為什麼在這裡。這些東西早已超越這個社會給一個人的標籤。他認真面對每天的任務，所以不管是偶爾會有陌生人對他皺眉，或是最親的家人甚少見面連絡，他也不會對自己選擇的生活感到懷疑。

我覺得好美，美到讓我忍不住流下淚來。

不要輕視那些看起來稀鬆的日常，那每一秒的累積，讓它成為你！

工作不是貼在你身上的標籤，而是你用來體驗這世界的方式。你選擇用什麼樣的態度與頻率活著，比你正在做什麼可能更能代表你。

與寶藏同在的練習

練習 01

與愛同在，而不是與恐懼同在

你做每一件事情的時候，是基於愛還是恐懼？

我曾問過一位編輯：你工作的時候最快樂的是哪個部分？我是以愛為出發點來提問，因為裡面有很多愛，你才會感受到快樂的部分。如果我換了一個角度來問：你做這份工作，最害怕也最擔心的是什麼？如果沒有這份工作，你最恐懼的是什麼？我們之間的討論可能就會導入另外一個不同的結果，可能延伸出的問題變成：你的書不賣了，怎麼辦？書不暢銷賺不到錢，房貸付不出來，怎麼辦？沒有達到業績公司怪罪下來，你還會覺得編輯是個你真心喜歡的工作嗎？

光是在工作這件事情上，你帶著什麼樣的心情去做，這份工作就會帶你去不一樣的地方，你散發出來的能量也會不一樣。喜歡做暢銷書，而不是擔心我的書不會賣。想像活在高點的那種成就感，想要看到排行榜上那本書的版權頁上工作人員名單有我的名字，相信這本書會帶整個團隊以及讀者到不一樣的地方！如果總是用很負面的狀況在工作的話，其實不管是合作的工作人員，或者是這本書，最後做出來的成果，散發出來的能量會截然不同。

另一個例子，如果今天你選擇當一個經紀人，是因為你覺得自家公司的藝人真的很好，希望他能夠讓更多人看到，而只有自家的藝人在跟這個世界上愈來愈多的人交換能量的時候，我們所有人才能夠得到富足。這也是從愛出發，而不是恐懼。不是擔憂藝人通告沒著落、沒廣告合約、曝光度不高而想盡辦法搏媒體版面，卻導致負面新聞層出不窮。這中間的差別，並不難理解。

我最近也在思考，為什麼我可以賺錢？或說我的價值在哪裡？其實，我花了滿多時間跟陌生人交換能量。同樣地，書為什麼可以賺錢？透過書裡的文字與訊息，作者與出版社跟更多的陌生人交換能量、提供能量，這本書就會成為暢銷書，提供能量的人能賺錢，讀者也得到他需要的支持與陪伴。

我花了很多時間在做交換能量這件事，所以我可以得到某種回饋——金錢只是一個代表，而不是真正的價值——它只是我在做能量交換的時候交換回來的某種支持，我給你我的愛，我分享我的專業與學習，我給你我的生活體驗，我給你正面的能量，但因為你不認識我（本人），那就用金錢來交換吧。可惜這個世界忘記了貨幣到底是怎麼來的，總是習慣用數字來代表成就，簡化了也扁平化了很多力量。

對我來說，富足，其實就是這樣的一個含意。

錢對我來說並不是擁有某種東西。我其實花了滿多時間在學習，到底金錢代表的意義是什麼。我以前會用非常匱乏跟恐懼的方式去面對擁有金錢這件事，我之所以很想賺錢，不是因為我有多喜歡錢，而是因為我很怕我沒有錢。於是我在做很多工作的時候，大部分的時候都會採取一種我不得不做的態度，我不得不去我不想去的地方，我不得不應付那些我不喜歡的人，因為我想要賺錢。

正因如此，我做的事情，本身能夠帶來的能量，跟對這個世界的影響力，也就變得非常薄弱，因為從頭到尾我想的都是我自己，我是因爲心裡有恐懼，所以這麼努力工作。

我現在改變了另外一個思維：我很喜歡我的工作，我喜歡跟人連結，我喜歡說話，喜歡溝通，喜歡交流，我很喜歡把我能夠得到的資訊、覺得好玩的事情跟別人分享，而當我看到別人也看到了我曾經看過的那種光芒的時候，我會覺得很開心，很有成就感。我希望這個世界大家都很好，而不是只有我一個人好，因為我覺得那才是真的好。

我是秉持著這樣的信念去做我現在在做的事情，於是不管我在工作時能交換來的，用金錢能代換的數字是多少，我都成為一個非常富足又快樂的人。而我相信，當我這麼做的時候，我參與的作品，不管是電視、戲劇、書籍、文字，其實都是一樣的，看到的人都能夠接收到這個能量，同時進入我想要建構的這個世界。

這是我想要做的事情。

曾經在一場演講結束後的問答時間裡，有位中年女性舉手提問，你如何定義你現在做的事情是斜槓？我的回答是，其實我不會定義我是一個斜槓的人，斜槓只是外界給我的標籤，因為我主持、出書、做節目、唱歌演戲、製作電影等等，會做很多看起來不一樣的事情，所以大家會把「斜槓」這個流行語當作標籤貼在我身上。

但我清楚地知道，不管我做什麼事情，我的核心都沒變，就是分享，就是療癒，只是透過不同的管道，不論是說話、文字、節目，內核都是一樣的。不管是誰來到我面前，我會對症下藥，如果我覺得你當下需要笑話需要放鬆，我就搞笑一點、讓你輕鬆一點。今天你需要的是當頭棒喝，我就會嚴肅地對待你。做節目也是一樣。就好像《我們回家吧》，表面上是旅遊美食節目，但事實上，它把回家跟往內看這兩件事情走得很深。這是我的選擇。硬道理很多先賢都講過了，現在的我想扮演一個，用不同方法，用現代人容易理解的語境，分享我的學習的人。

包括我先前完成的三本書，不管是透過溝通、分享我生命的歷程，或是紀錄片的拍攝，其實講的都是同一件事情，就是向內看、跟自己和解，療癒自己，然後合一。包裝不一樣但核心是同一個。而這也是重點所在：核心是什麼？選擇與什麼頻率同在？

還是那句話，工作是我們體驗這個世界的工具，而不是定義你的標籤。名片上的頭銜從來都無法定義一個人。重要的是，我們到底想透過這項工作達成怎樣的生命核心？只要找到這個核心，不管是做哪一類型工作，編輯也好、咖啡師也好、導遊也好、藝人也好，核心沒有變，做的也就是同一件事。

保有熱情、負有責任、相信宇宙的帶領，同時你也在帶領別人，我就是在走這個過程。這過程會愈來愈融合，愈到後面，你會發現即使你什麼都不做，你也在做。我有沒有走過茫然空虛的時候，當然有！如果我的行事曆是空的時候，我也會懷疑自己。下禮拜沒通告了，我是不是不紅了，我這兩個節目錄完了，我就沒有節目了，是不是就要退休了、是不是就要離開演藝圈了？二十年來我反覆地在詰問，所以有時候我會很茫然地去接一些我根本不是很想接的工作，只是為了填補一些空白。

我想要跟明白我價值的人一起工作，我想要分享我生命的學習，當我立下這個Flag後，那個等待會變得有耐心。

我相信我抓住這個核心之後，宇宙會做出最好的安排。

然後你就會發現，你不用去「找工作」，等到你明白你的價值在哪裡的時候，你該做的那件事情就會來到你面前。

也有人藉由販賣恐懼，來得到財富。但就算他得到財富，我也不知道他是不是真的感到快樂。即使他可能得到萬貫財富而自我感覺良好，但那不是我的選擇，我並不想要活在那樣的世界裡。

我喜歡我的世界，我選擇活在充滿愛的世界裡，而如果我想要活在充滿愛的世界裡，那我做很多事情的出發點，都必須是愛，否則我就會活在恐懼裡。所以在做某些事情的時候，我會認真思考，我之所以選擇這個工作，是因為我真的喜歡它，還是因為害怕只要不做這個工作，我就得不到其他的好處，就站不上更好的位置、得不到別人對我的肯定？

以前我可能會覺得必須要用A去交換B，但現在我相信，只要我不斷地選擇與愛同在，充滿愛的工作就會自動上門，充滿愛的朋友就會聚集在我旁邊，充滿愛的家人會給我我想要得到的支持，我也會得到一份充滿愛的親密關係，不是用恐懼來付出一切——如果我不做什麼，你就會生氣。或者，如果我沒有你，我就會死——不是基於恐懼而有的親密關係。

但最重要的是我想要成為一個充滿愛的人，就這麼簡單而已，其他所有外在的東西都是額外的獎賞。如果我能夠很好地與充滿愛的我同在，那我就是活在愛的世界裡。你可能會說，外面還是有很多狗屁倒灶的事情，像是媒體上時時出現的各種問題：疫情，戰爭，爾虞我詐，勾心鬥角。我可能無法改變世界，但我可以改變我自己。我就是愛，我便無需求愛。

練習02

與事實同在，而不是編造故事

影響我們選擇的因素，還有一點，就是我們如何看待「事實」。

如果你有關注二〇二二年的奧斯卡頒獎典禮，你應該記得那一個「世紀巴掌」，威爾．史密斯（Will Smith）上臺對頒獎人克里斯．洛克（Chris Rock）搧的那一巴掌，在幾千萬人的見證下上演。

在看接下來的文章前，我希望你回想一下，當時的你，想了什麼？說了什麼？做了什麼？

事情發生的當天，不管是在臉書或各種社群平台，甚至是新聞報導，許多人開始紛紛表態，有人說威爾．史密斯是真男人，有人說無論如何使用暴力就是不對，各種評論不一而足。

可是看著認識或者不認識的人發表想法，我心裡不禁在想，這些評論說的是這個事件，還是評論的，其實是你自己？

我將當時的想法，整理成一篇文章，發表在臉書上。我說：「事情發生的時候，我正在看直播。克里斯．洛克說出那個玩笑話的當下，我並沒有意識到那是笑話，畢竟直播沒有字幕，所以我只是讓它流過去了。但是我看到下一個畫面是威爾．史密斯先是笑了，而他太太潔達蘋姬．史密斯翻了個白眼。鏡頭回到臺上，克里斯．洛克想要繼續講笑話，然後他發現有人向他走過來，鏡頭從特寫轉成遠景，帶到了威爾．史密斯衝上前去，克里斯．洛克還將身體微微往前傾，似乎想要迎接他的到來。

接下來，威爾．史密斯朝克里斯．洛克揮了一掌（還是一拳？我沒看清），麥克風傳出了啪的聲音，當時我心想，這是音效嗎？如果是的話，到底是怎麼做到的？眼前發生的事情是真的嗎？還是假的？如果是串通的，那就是音效？如果不是，到底又是怎麼一回事？後來威爾．史密斯下臺了，克里斯．洛克在臺上有點尷尬，但又想要繼續說點什麼的時候，威爾．史密斯在臺下很大聲地說出『ＸＸＸ』，雖然距離舞臺遙遠，但聲音仍被收到了。我當下也很驚訝，『節目正在直播，這樣可以嗎？』」

這是我看到的全部，跟我當下心裡的ＯＳ。

後來，新聞慢慢地一點一點流出，包括克里斯．洛克的笑話為什麼有點不得體，原因在於潔達是因為生病掉髮的問題不得不剃光頭髮，對她來說這並不是一個笑話，而是操作與諷刺。那麼為什麼一開始其他在現場笑的人笑了？威爾．史密斯之所以會捍衛妻子，一說是除了當年他入圍最佳男主角的角色原型本身就是個強勢的父親，還有就是小時候他曾經是家暴的倖存者。他一直自責當年父親對母親使用暴力的時候，他無法挺身而出保護母親。這些訊息都是在新聞愈鬧愈大後慢慢傳出來的，於是一個發生在眾目睽睽下的暴力事件，逐漸成為討論名人創傷、言論自由、幽默的界線的公眾事務。

事情發生後，我一直在想，我要發言嗎？我要說什麼？在這件事情上，我只能說出我看到的事實——有人在臺上說了一些話，有人上臺打別人巴掌。可是他到底為什麼上臺打那一巴掌？我們沒有人知道。一開始他不是也笑了嗎？之後他看到妻子不高興，所以他覺得必須要挺身而出嗎？他捍衛的是他太太，還是他自己？我覺得只有走上臺的他才清楚知道當時發生了什麼事，當然因為那是電光火石的瞬間，我並不覺得有多少算計。可是我們到底對所謂的真相又知道了多少？這讓我想到另一部漫畫（也改拍為日劇）《勿說是推理》中提到的概念：

每個人心中都有自己的真相，可是真相並不等於事實。事實只有一個，可是真相到底是什麼？事實是，有人在臺上說了一個他覺得有哏的笑話，有人上臺打人一巴掌。但是，真相是，說的人沒有意識到這是得罪人的笑話嗎？還是他並不覺得這是對他人的諷刺，而是幽默的表現？而威爾．史密斯到底是想為他太太出口氣而衝上前去，還是為了捍衛他自己的男性尊嚴？還是有其他我們未知的原因？

每個人心中都有自己的真相。即使當事人回應了什麼，你選擇相信或是質疑，建構的也只是你心中的真相。

真相是什麼，只有他們自己知道（有時候我甚至都不確定他們是否真的知道）。所以我們根本不知道他到底為什麼這麼做，我們只是看到「事實」——這件事發生了。然而，當你開始評論，你說出來的每一句話，最終代表的也是你心目當中所認為的真相，你的想法反映的並不是這個世界上正在發生的事，而是你自己心裡在想什麼。如《療癒密碼2：改寫根源記憶》這本書中有一句話：「我們看見的不是事物的原貌，而是我們自己的模樣。」所以你應該回過頭來看，當你覺得威爾．史密斯很有男子氣概，是不是你希望當你受欺負的時候，有人可以為你挺身而出？還是你希望自己也有勇氣，在你鍾愛的人被欺凌時，也能捍衛他們？或者你希望有所謂的正義？你認為，只要是站在保護立場，即使動用任何武力都沒有關係？

種種評論最終代表的都只是評論者是怎麼理解這個世界，而不是這件事情的真相是什麼。所以，當我在看其他人的發言時，我的結論是，我看到的是你們，而不是這件事情，沒有多少人想要真的討論這件事情，討論誰對誰錯，大家說的話，其實都只是反映出自己而已。

所以我們要警覺地認清「事實」。進一步則是，不要編造故事。

與事實同在，不要編造故事。唯有如此，對於一些與你無關的事情，你才不會加諸過多的情緒，同時也就是避免認定自己是受害者。

其實大部分的事情真的都與你無關，你會認為哪些事情對你產生影響，甚至造成傷害，都有可能是你想像出來的，可能跟你過去的傷、過去的處境有關係，跟你個人的喜好有關係，可是那都不是真的，也跟事實沒有關係。

很多人其實是無意識地被觸動了，而開始無意識地「編造故事」，彷彿這個世界的所有事都跟他有關聯，如果他不說點什麼，就失去存在感。於是，大家開始選邊站，造成對立、形成區隔，你們、我們、他們，可是大部分的時候，這些故事並不是真的存在。

或者我們用更簡單的例子來看：

我只剩五塊錢。這是事實。

我只剩五塊錢，所以我完蛋了。這就是編造故事。

事實只有「五塊錢」，如果接下來是——「好。我再去賺」——這是行動，「所以我完蛋了」，是根本還沒有發生的事情，只是你加諸事實之上的虛擬想法，也就是故事。但是採取行動跟哀嘆完蛋，就會導致完全不同的結果。而我們往往不知不覺就把編造出來的故事當成事實，而讓自己身陷其中。

有的時候，停止為自己的生命編造故事，就是停止痛苦的好方法。

首先它會讓你脫離受害者的心態，只剩五塊錢，但要不要完蛋取決於你接下來的選擇。同樣地，有時候旁人可能只是無心地說出一句話，可是當我們開始對這句話多做詮釋——他是不是討厭我，他是不是針對我，他是不是瞧不起我——其實就已經在這個事實上加諸了故事。許多的懷疑與嫌隙就此而生，這些卻都是不必要的。

不要編造故事，與事實同在，其實會讓我們的生活變得相對簡單很多。我們不會隨著別人的情緒起舞，不會因為他人的功課而不由自主地也一同陷落進去。把自己的中心顧好，對於他人，只要適時地「在」就好，無須給自己增加無謂的困擾。

練習03

與富足同在，而不是與貧乏同在

或許有人要問，那麼該如何面對「只剩五塊錢」這樣的狀況呢？

我們前面談到的例子，為什麼要做「編輯」這份工作？因為想要做暢銷書，而不是擔心這本書不會賣；或者想要用文字溝通，喜歡文字帶來的美好，而不是擔心若不讀書，自己就會變成粗野無文的人，或者認為自己會知識貧乏。同樣地，只剩五塊錢，並不會令你擔憂，而是再去賺錢就好，想要賺錢也不是因為害怕沒錢，而是因為你知道你做的事情可以為你帶來富足，其實就這麼簡單而已。

與富足同在，而不是與選擇貧乏同在。

想像你現在就過得很富足，不要用最簡單的方式——有多少錢——去定義富足這件事，你可以定義屬於自己的富足。

什麼叫富足，有些人會覺得銀行戶頭裡面有足夠的錢，叫做富足，但是我可以拍胸脯保證，如果用這個來當作標準的話，你可能永遠都不覺得自己是有錢人，因為有錢的人還會想要更有錢。我認識一些富人，已經夠有錢的他們跟銀行借錢去買賣金融商品，對此我百思不解。但是對於玩慣金錢遊戲的人來說，似乎是理所當然。我就會很想問他們，然後呢？你們累積了這些財富，然後呢？你們用那些財富做什麼事？買更多的房子更多的車子？如果你們最終也沒有用這筆錢做什麼事，只是留給你們的下一代，其實你們的下一代會變得非常地茫然，他們心裡可能會問：「然後呢？我什麼都不用做了嗎？接近我的人會不會只是為了這筆錢呢？我窮的只剩下錢了嗎？」為什麼要讓他們面對這種狀況？歸根究柢，賺那麼多錢的目的到底是什麼？

但是，如果你對於富足的定義是「我餓不死啊」呢？我向來就覺得「我餓不死啊」就好。我想工作賺錢，不是因為銀行裡有多少錢，而是我知道我不是一個會停下工作的人，而我的確在工作裡面得到了非常多的樂趣，我的工作足夠支撐我餓不死，所以我很富足！而我在工作中得到的成就感，多過於別人用匯款支付的金額。我根本沒有實際拿到那筆錢，其實就是一個數字，匯到我的帳戶裡面，我覺得那也就是多了幾個零。然後呢？我要用多幾個零來定義我自己嗎？

尤其是在疫情期間，我的富足變得非常簡單。我有健康的身體，我的家人們都安好，能夠安心地跟我的朋友見面吃飯。我能夠不心懷恐懼地覺得旁邊的人即將傳染我病毒，不會擔心我處在超級危險的狀態，我覺得我超！級！富！足！

當我明白了這件事情之後，即使疫情解除，我可能不由自主地又回到過去的賺錢輪盤裡時，我就會想，等一下，那疫情期間我得到的富足都是假的嗎？或是我的信念只是暫時的？還是其實我只是忘記了？如果忘記了沒有關係，只要提醒自己，再想起來就可以了。

我很富足。

我很好。

現在的我就很好。

沒有更好的我自己，我什麼也不缺。

這樣想的時候，我就好開心，真的好開心。

練習 04

與感恩同在，而不是與抱怨同在

選擇與感恩同在，而不是與抱怨同在，也是一樣。我曾經在一本圖文書《男孩、鼴鼠、狐狸與馬》上看到一句話，我覺得寫得非常好，「我們擁有的最大的自由就是可以選擇如何回應發生的事。」

如果我們大家都有所謂的宿命論，或者是我們都相信過去、現在、未來同時存在，該發生的事情就是會發生的話，那我們的自由意志到底在哪裡？我也花了許多時間在想這件事情。如果我們都相信算命，相信星座，相信會發生的事情在人一生下來後就注定會發生，我就是會跟這個人結婚生小孩，就是會在什麼時候跌倒、哪一年開刀，我們都相信血光之災，我們要點光明燈，要安太歲，哪一年我們就是會特別倒楣，水逆的時候電梯、電腦、手機就是會壞……如果該發生的事情就是會發生，那自由意志到底在哪裡？

我看了很多探討這個議題的前輩們的著作，發現從古至今，最終大家說的道理都是一樣的，只是每個人用不同的方式去體悟這個真理。有些人可能是透過商業的運作，有些人畫成簡單易懂的繪本給小朋友大朋友看，有些人透過修行，有些人是種田。以我來講的話，我可能在書上看過這個道理，但是當我真切地去實踐它，我發現，對，其實就是這樣。該發生的事情就是會發生，可是，如果我沒有用很好的心情或心態去面對它的話，我就永遠都活在悲慘的地獄裡。那我為什麼不選擇會讓我開心的那個狀態？

感恩對我來說，就是一個非常好的狀態。當我活在感恩裡面的時候，每天都超開心，我覺得大家都是來幫我的，然後每一件出現在我生命中的事情，我都覺得是很好的祝福。對任何人來說也是如此。

假設，你結束了一段關係，但是，曾經有個人出現在你的生命中，不管結果如何，都是一個很好的祝福與學習。你得到了那樣的心理運作，你有一個投射的目標，你絕對在過程中得到某些快樂，要不然不會沉溺其中，當這段關係沒有辦法再繼續下去的時候，你不會這麼痛苦。可是如果你要用很怨懟的心情去責備對方，就可惜了這段關係。如果換一個心情，就是：我謝謝你。謝謝你曾經在我的生命當中出現過，因為這個過程與體驗讓我明白什麼是我要的、什麼是我不要的，因為與你相遇，讓我見識到生命中還有另外一種美好。

你永遠有能力，或者是說，你永遠有一個機會去選擇，你要用什麼樣的頻率活在這個世界上。

而對我來說，感恩絕對就是非常美好的頻率。

感恩的水特別好喝，感恩的食物特別好吃，感恩的人際關係特別美好。即使什麼都不做，也感恩我擁有這具身體來體驗這個世界，能跟朋友家人沒有任何芥蒂地敞開心聊天，覺得安心，然後得到支持真好。張開眼睛能看見藍天，有這麼多樣的物種跟我一起活著，提醒我地球如此美麗；這麼多有趣的人願意寫書拍影片分享世界的美好……再寫下去就是一整本書了。對我來說，所有的事情都非常值得感恩。因為即使該發生的事情還是會發生，但當我選擇活在感恩的頻率裡，我相信同性相吸物以類聚，所有美好感恩的事物也會相應而來。

而當我寫下上面這段話的時候，我留意了一下我的表情，全程，我臉上都掛著發自內心的微笑。嗯！這就是與感恩同在帶給我的美好。有時我會想，人生圖的是什麼？不就是這個嗎？

練習05

與健康同在，而不是與疾病同在

我提到的這些所有概念，都是互相串聯跟互通的。

與健康同在而不是與疾病同在，就跟與愛同在而不是與恐懼同在，其實是互通的。你選擇健康的水，而不是因為你擔心喝了不健康的水會死掉，這杯水帶給你的效應是截然不同的。

疫情的確是一個非常棒的省思機會，剛剛開始解禁的時候，我完全沒有辦法跟人交流，因為已經很習慣視訊、發訊息，不會看到真人。我走在路上看到活生生的人，會很不由自主地退後，會在心裡揣測：對方身上是不是帶有病毒？他是不是剛才碰到不知道什麼東西？他如果碰到我，我就死定了。這種想法讓我無法安然地行走在地球上。發現不對勁後，我對我自己說，你確定你要用這樣的狀態出門嗎？你覺得你這樣會活得開心嗎？於是我就告訴我自己：好，我能夠做的事情就是增強自己的免疫力，吃飽、睡好，保持平和的心境，讓自己即使接觸到了病毒，也不這麼容易被打倒。

對我來說，我這樣做比疫苗還能帶給我更多安心。有的時候我們之所以會相信外力，是因為我們對自己太沒有信心，可是事實上，你唯一能做的，跟唯一能照顧的，也只有你自己而已。

照顧自己的身體，成為一個健康的人，而不是因為害怕生病、坊間流傳的所有保健法都給我來一個，在這樣的前提下，你所得到的結果跟能量都是不一樣的。我吃這個保養品是因為我覺得我不吃就會生病，跟吃了它我也覺得滿開心的，我覺得我需要它，兩種態度之間有截然不同的能量，一顆維他命提供給你的回饋也會截然不同。

不要害怕。如果你每天都在害怕，想東想西，例如：我的甲狀腺有點腫，應該是得了癌症吧？明明你沒有得癌症，你也好像不斷在催促自己離開這個世界了。前文提及過，因為《交換禮物》這個紀錄片，我讀了很多跟疾病有關的書，其中有一個滿大的範疇是關於安慰劑的研究，想要探討的問題是，到底病人有多需要吃藥？你吃下去的藥到底是藥本身有用？還是因為你相信它有用所以它起了作用？亦或只是你的身體啟動了自癒力，時間到了它就好了？

書裡常常舉以下類似的例子：有人開發了一種藥，假設這種藥是為了治療糖尿病，然後安排一半糖尿病患者吃這種新開發的藥，做為實驗組；有一半患者做為對照組，吃的是安慰劑，也就是沒有任何實際療效的糖球。可是當實驗出來，結果顯示，兩組中病患獲得治癒的比率是差不多的，該怎麼解釋這種狀況？這樣的實驗結果可能顯示這款新藥也許不是那麼有效果，並沒有讓真正吃藥的與沒吃藥的病患拉開差距，這款藥無法上市。可是大家常常忽略了這個實驗的另外一面，就是為什麼吃安慰劑的人也會好轉？如果這項實驗只是為了證明這個藥沒有用，因為吃安慰劑跟吃藥的人，治癒率都一樣，那為什麼我們不去思考那些沒有吃真藥的人是怎麼讓疾病好轉？

我記得當我在看這些安慰劑的實驗時，受到頗大的衝擊，開始思考那些生病但沒有吃藥的人為什麼會好；因為相信嗎？相信自己吃的「藥」（其實是糖衣）有效？再退一步，其實或許也很難斷言那些吃了真藥的人，之所以好轉是因為藥的緣故，還是因為他們相信吃了藥病就會好。

我並不是醫生也不是科學家，但是在這一路上的探尋我明白疾病的成因與療癒的核心，有時真的不是A加B等於C這麼簡單可以一言以蔽之。

疾病、健康跟治癒這三者之間的關係是如何建立的，到現在大家都還在探索當中。可是走訪了各式各樣療法的專家學者，聽完許多病患的故事，現在我會告訴我自己，我要與健康同在，而不是與恐懼疾病同在。這也讓我活在一個截然不同的世界裡。至少當我這麼做的時候，我身體的每一個細胞都與這樣的頻率同步，而不是在活著的每一天都活在憂慮與擔心裡。

思考死亡或是疾病的同時，更讓我確認我想要與什麼樣的頻率同在。

練習06

與好關係同在，告別壞關係

先從親密關係說起。

通常我們會重複地、不斷地做一些功課，很有可能是因為你沒有真的活在那個選擇裡。比方說常常可以聽見有人問自己為什麼老是遇到渣男？第一個男朋友是渣男，第二個男朋友還是，第三個男朋友又是。但你是否有想過，在談這種戀愛的時候，你有沒有好好地進入這個戀愛裡面，看看你為什麼會選擇談這個戀愛？他為什麼吸引你、你為什麼選擇了他？是你識人不明呢，還是有一些特質，你就是會無意識地投進去呢？為什麼你們的關係走不下去？是他受不了你，還是你受不了他？到底是什麼樣的人生歷程，造成你有意識或無意識地做這個決定？你是不是骨子裡覺得自己不夠好只配得上渣男？還是你有個「救世主情結」覺得讓別人變好是你的責任？如果你是有意識的話，你為什麼不能承擔「是，老娘就是愛渣男」這個結論，而總是把自己人生好壞的責任放在我到底有沒有遇到「對的人」身上？

在我看來，沒有選擇是錯的。如果你真的曾經在這段關係裡思考自己的處境與選擇，就會在這個選擇裡面得到你應該要得到的學習。我最常說的就是人生沒有白走的路。人生沒有白走的路的話，那為什麼你要走這一段？你為什麼重複地走某一段？

停下來，活在這個選擇裡面，往裡面看，到底那是什麼？而不是不斷地問，如果當時我選的不是甲，而是乙的話，我是不是就會幸福了呢？我不曉得那個到底是什麼，但是，如果你真的有好好地活在你的選擇裡，你會在裡面得到生命想要給你的答案。

有的時候，我們會覺得當初那個選擇是錯的，但是時間長了，你就會發現，其實選擇都是對的。誰年輕的時候沒有談過那種現在回過頭來看會不禁自問，「天啊我怎麼會跟那個人在一起」的那種戀愛？但是那個時候的我，很需要人愛，所以只要有人用巨大的熱情包圍著我，就會奮不顧身地跳進去。我年輕時候談戀愛，大部分是因為很想填補自己心裡面一個很空的洞，那個洞包括害怕一個人的洞、害怕沒有跟別人在一起，我就不值得被愛的洞、想要有一個自己的家的洞——那個是原生家庭給我的——或者是我對自己不夠認識的洞；還有一個洞就是我沒有好好活在那個當下，一直希望有個人來拯救我的那個洞。

每次失戀的時候，我都會覺得，我是不是又浪費了我人生當中最美好、最青春的那一段。但是現在回過頭來看，其實我會很感謝那些沒有成功的戀愛，因為如果不是那些戀愛，我不會清楚地知道我真正要的到底是什麼？我想要一個什麼樣的伴侶呢？我想要什麼樣的人在我身邊，跟我一起牽著手，繼續往前走。我如果真的選擇某個人，就不要一直再看著外面的其他人說，如果我嫁給另一個人有多好，而是不斷地面對解決親密關係帶來的課題。

這些歷程其實就是一種學習，但年輕的時候不明白。年輕的我會覺得這次談不成，那就談下一個。還有大把的青春在。可是等到真的想要定下來的時候，就會明白，所謂的親密關係，不是一個換一個就能解決的。所謂親密關係是你能不能不斷地放下自己的固執、成見，不斷地放下那種想要改變對方，讓他成為最好的老公，或是男友的欲望，而能夠接受他就是他，他也能夠明白，他如果要成為你重要的伴侶，不是因為他有多好的外在條件，是因為他讓你是你。

這些都是在過去年輕的時候談戀愛，完全不會明白的事，以前談戀愛真的就是會有一種「我有人要，我不孤單」或是「我想跟這個人在一起，我的人生就好了吧」的那種感覺，可是從來不是這樣子的。

到目前為止，我會有這樣的體悟，到底是先遇到對的人，還是因為先有這樣的想法，才會選擇了對的人？這個問題，沒有絕對的定論，因為那是我的人生，如果我告訴你，人生就是這樣，我一定是騙你的，因為你不可能重複我的人生。

舉個例子來講，我和現在的伴侶之間的關係，大概可以說糾纏了超過三十年了。不是每個人都會重複這樣子的人生歷程，不是每個人都是那種在外面繞了一圈，然後發現怎麼還是對方啊？原來這就是所謂的「驀然回首，那人卻在燈火闌珊處」啊！但是這些年在親密關係裡面，我學會一件很重要的事情，就是不要過於期待未來，要好好地經營當下的現在，不要老是想著，例如，如果我們多賺點錢就好了，或者是生個小孩，我們的婚姻就會有答案了，類似這種期待。其實就是經營好每一個當下，而不是想著以後，當我們滿足了各種列出來的條件，然後我們會過得很幸福快樂。經營好當下的親密關係，快樂地過每一天，就會有快樂的一生。所謂全部就是由每個當下組成的，當下就是全部啊。

這樣的學習可以延伸到不同的人際關係，而好的關係永遠得從自己做起。

你有跟自己保持良好的關係嗎？你是否接納他人的優缺點，就跟你如實接納自己一樣呢？在希望有人能接住你的同時，你有好好接住自己嗎？想要得到良好的職場互動前，你有好好完成自己份內的工作、成為堅實支持他人的夥伴嗎？在希望別人看到你的長處前，你有先看到別人值得稱許的優點嗎？在希望交到真誠的朋友前，你有真誠地對待自己與他人嗎？如果沒有先好好地認識自己，有時我們就會用一種「我以為」這樣的自己可以得到友誼，而不斷地在扮演不是自己的角色，時間長了，不是你太累，就是對方發現「哎呀這一切都是假的嘛！」而逐漸疏遠你，而你為了一份根本不屬於你的友誼付出了時間與心力，最後發現，這一切都轉瞬即逝，不堪一擊。

成為那個你想交的朋友，你需要真誠，你就成為真誠；你需要支持，你就成為支持；你需要勇氣，你就成為勇氣；你需要愛，你就成為愛。你有看過聚寶盆嗎？裡面通常都不會空空如也，而是放硬幣、銅錢、元寶、水晶，甚至是貔貅金蟾蜍等吉祥物來增強招財效果。讓自己成為善緣的聚寶盆，並在裡面放入那些你會喜歡的特質，成為吸引力法則的那塊磁鐵，自然而然，不管是好與壞的人際關係都會自然歸位，你也不會因為身邊的人來來去去而有太多起伏變化。

練習07
開始選擇你想與什麼同在

我們每天、每刻、每秒都在做選擇，不管是有意識或是無意識的選擇。

有些事情我們會自動完成，畢竟如果所有的選擇，都需要我們用盡力氣跟腦細胞去逐一選擇的話，我們就沒有辦法處理太多事情。但是，無論有意識或者無意識的各種選擇，所導致的後果，必然跟我們的生命息息相關。選擇吃什麼東西，會影響身體是否得到足夠的養分，吃錯了就會造成身體的負擔甚至毒害；選擇開車旅行可以保有行動的便利性，卻也可能因為速度較快而不能好好享受沿途的風景；選擇努力工作賺錢，可能得犧牲與家人好友相處的時間……

有的時候你之所以會覺得你沒有選擇，是因為你選擇相信「我沒有選擇」。如果你始終都相信你是有選擇的人，你就會知道，你做的每一件事都是你的選擇。例如當你說，家裡上有老、下有小，我夾在中間沒得選擇，只能盡力賺錢養家、照顧他們。在這個例子中，你其實已經做了選擇，你選擇成為負責任的成年人，而不是選擇拋下責任，盡情做自己想做的事。

只是任何選擇，必定產生相應的後果與影響。結果可能美好、完滿，但也可以讓人擔憂或懊惱，可能帶來更多的責任或意外。然而，如果你明白那就是你有意識地做了選擇，那些選擇後來帶來的負面情緒其實不會這麼困擾你，甚至可以說，若你選擇對自己的生命負全部的責任，何來後悔與負面情緒。

對於其他生物來說，永遠只有「當下」。但是人類會思考、會比較，會想著「如果……就會……」而往往這也成為痛苦的來源，尤其選擇的結果不如預期的時候，更容易糾結在當初放棄的那個選擇：如果我當時沒有跟A在一起，而是跟B結婚，現在是不是就會更幸福了呢？如果我沒有生小孩，我的人生會不會更加開闊，我會有自己的事業，聊天群組我就可以用自己的名字而不是誰誰誰的媽媽呢？

儘管這是人之常情，但這也導致了我們無法好好地「在」目前的選擇之中。每一個選擇都有它的理由，當你做了選擇——不管是直覺的選擇，或是宿命式地做了那個選擇，甚至覺得是生活壓力逼迫著你而做的選擇——在過程中，真真正正地「在」那個選擇裡面體驗，就會從中得到學習、功課，甚至未預期的能量，讓你在完成之後，可以放下，繼續往前走。

在前一章中，我們談了選擇很重要。你做了什麼選擇，你的信念是什麼，其實就影響了你的細胞，影響你會活在什麼樣的世界裡。

所以這個章節，我想要做一個小小的提醒，提醒你在做每一個選擇的時候，覺察你是用什麼樣的頻率做選擇，或者是在做選擇的時候，你心裡的出發點是什麼。

關於選擇與什麼同在，我非常建議大家去看一部電影，叫做《真愛每一天》，英文片名是 About Time，關於時間。它表面上好像在講一個愛情故事，但是它想要傳達的其實是很深刻的父子親情。

電影裡，男主角的家族有一種男性單傳的能力，可以讓時光倒流，回到他們想要回去的那個時間點。他在這一路追尋中，逐漸明白到底時間帶給他們什麼樣的祝福，跟時間到底是什麼意義。在故事的結尾，這個男主角說，他後來其實已經不太需要回到過去了。他曾經過了非常可怕的一天，早上起來跟老婆吵架，去買咖啡的時候，跟店員兩個人像行屍走肉臉都很臭，匆匆忙忙搭了地鐵趕去開會，卻在會議上被修理等等。於是他做了一個實驗，他回到當天早上，他知道那天會發生什麼事，他知道他會遇到什麼人，他知道他走在路上的時候哪個人會衝過來，他都知道，可是他用一個截然不同的狀態去跟這些人互動，包括他會開心地向賣咖啡的服務員微笑，然後開會的時候明明被老闆修理，他還能夠幽默地畫了一個圖案，寫著「王八蛋」，然後給同事看，一起 diss 老闆。用一種比較幽默的方式帶過。

發生在他身上的事情，跟他遇到的人，其實是一模一樣，他只是採取了另外一種心態，就過了截然不同的人生。而且不止他開心，他的快樂也感染了身邊的人。這個實驗讓他得到了時間珍貴的祕密跟祝福，就是其實不需要重複再過這些日子了，重複發生的事情都是一樣的，只要保持在一個對世界開放、保持感恩、保持幽默的狀態裡，每一天都很珍貴，而且都獨一無二。

這是我一直都很喜歡這部電影，不厭其煩地介紹別人看這部電影的感慨，而且每次看都有新的體會。它也彰顯了我在這本書的各個章節一再強調的，你選擇與什麼同在，你就是什麼。而你不需要回到過去，不需要有反轉時間的能力，只要過好每一個當下，每個當下都成就了獨一無二的你。

後記

Stand by yourself!

我是什麼時候發現原來「我」是這麼好玩的呢？仔細回想，一次很深刻的經驗發生在忘記是哪一年去東京旅行，站在位於日本橋的飯店，三十幾層樓的落地窗前看著燈火通明的東京，一開始只是想著，喔，這一盞燈後面有一個人，那個人後面有一個家庭，那個家庭後面有許多祖先，那些祖先寫下的故事變成這個島的歷史，然後是亞洲，然後是地球，然後是宇宙，那一秒內的體悟，讓我完全明白了什麼叫做「當下即是全部」，我就是全部的聚合。

還有一次很深的體悟發生在二〇一八年一月，我第一次禪修閉關。那七天禁語禁用手機網路，過午不食，打坐行禪打坐行禪，除了前三天腰痛到爆炸外，身為E人的我不以為苦，扎扎實實在蒲團上好好跟自己相處。即使外面看起來什麼都沒做，但我會心笑了，也曾升起無法遏止的憤怒，然後在結束的最後一坐，哭到停不下來。所有我想知道的我該體會明白的，都發生在方寸之內，都在我的內心。

在向外學習探索了這麼多年後，我終於決定靜下心來，探索我自己，跟自己學習。

這些年，我發現我的問題愈來愈少了。朋友安排我去見一位在網上頗富知名度的占星師，要我準備三個問題問他，我竟然一題都問不出來。看著我勉強寫下的題目，不是我早就知道答案只是給他個機會驗證，或是知道了也不能幹麼還不是好好過日子的預測，赫然發現我漸漸活出我想要的樣子，全然接納自己的樣子。

常常會有人問我，你接下來還有什麼計畫？或是想完成的願望想成為什麼樣的人？我都會說，沒有，因為我真真切切知道，我的劇本寫得再好也寫不過老天爺，不如我就放開手，看看祂還有什麼計畫、想完成什麼藍圖、希望我成為什麼樣的人。

尤其是二〇二四年，看起來像井噴一樣地推出監製的電影、難產已久的新書，還有拍了五年的紀錄片，這些完全不在計畫中的安排，更加讓我明白我是一個大藍圖裡的小拼圖，我只要好好安放我自己，接下來，我就好好觀賞這齣美好的表演就好。

我知道我的生命是我最好的老師，所有我需要學習明白的，不在外面，都在我自己心裡。

但外在世界的顯化還是需要很多助緣的。

這本書能完成我第一個要感謝的人絕對是天下文化的總編輯佩穎。謝謝他的鍥而不捨，並用像水一樣的溫柔與智慧包覆著我，我可以很篤定地說，如果沒有他，絕對不會有你現在拿在手上的這本書。

謝謝陪我一路走來的郁慧、琬華、Ann、小白、立雯與昕詠。雖然你們的名字不見得會出現在版權頁裡，但我真心感謝你們陪著這本書一步一步走到今天。

謝謝設計 Bianco，感謝老天爺又給了我們一次機會，讓我們一起完成「我們的書」。

謝謝天下文化的我認識的或不認識的工作人員與行銷團隊，希望這本書會讓你們走路有風。

謝謝生命中所有的遇見，是你們讓我之所以是我。

最後，謝謝拿起這本書的你們。

這些年我總是在路上偶遇透過節目、podcast 或文字與我結緣的朋友，我在他們眼中看過光。當我們四目交會的時候，即使一句話都沒說，我都心神領會所有的明白與感激。我非常感謝那些美好的瞬間，那絕對是我現在還在努力的最大動力。謝謝你們願意走上自我探索的旅程，並讓我有這個榮幸陪伴你們走這一段。

這書除了長得要命的書名外，其實還有一個我更喜歡的英文名字：〈Stand by yourself〉！

願我們都能在變化萬千的世界裡，篤定地活在自己的中心，成為那個堅定不移地站在自己身邊的堅實夥伴，並明白，你生命中最大的寶藏，就是你自己！

心理勵志 BBP495

生命中最大的寶藏就是你自己

Stand by Yourself

作者 — 曾寶儀

副社長兼總編輯 — 吳佩穎
副總編輯 — 郭昕詠
責任編輯 — 張立雯（特約）
內頁手寫字提供 — 曾寶儀
封面設計・內頁插畫—Bianco Tsai

出版者 — 遠見天下文化出版股份有限公司
創辦人 — 高希均、王力行
遠見・天下文化 事業群榮譽董事長 — 高希均
遠見・天下文化 事業群董事長— 王力行
天下文化社長 — 王力行
天下文化總經理 — 鄧瑋羚
國際事務開發部兼版權中心總監 — 潘欣
法律顧問 — 理律法律事務所陳長文律師
著作權顧問 — 魏啟翔律師
社址 — 台北市 104 松江路 93 巷 1 號
讀者服務專線 —（02）2662-0012 ｜傳真 —（02）2662-0007；2662-0009
電子郵件信箱 — cwpc@cwgv.com.tw
直接郵撥帳號 — 1326703-6 號　遠見天下文化出版股份有限公司

電腦排版—芯澤有限公司
製版廠 —中原造像股份有限公司
印刷廠 —中原造像股份有限公司
裝訂廠 —中原造像股份有限公司
登記證 — 局版台業字第 2517 號
總經銷 — 大和書報圖書股份有限公司｜電話 — (02)8990-2588
出版日期 — 2024 年 10 月 31 日第一版第 1 次印行
2025 年 6 月 9 日第一版第 12 次印行
定 價 — NT420 元
ISBN—978-626-355-969-1
EISBN—978-626-355-968-4（EPUB）；978-626-355-972-1（PDF）
書 號 —BBP495
天下文化官網 — bookzone.cwgv.com.tw

國家圖書館出版品預行編目 (CIP) 資料

生命中最大的寶藏就是你自己 = Stand by yourself/ 曾寶儀著. -- 第一版. -- 臺北市：遠見天下文化出版股份有限公司, 2024.10
面；　公分. -- (心理勵志；BBP495)
ISBN 978-626-355-969-1(平裝)

1.CST: 自我實現 2.CST: 自我肯定 3.CST: 生活指導

177.2　　113014821

親愛的地球：

我這個用了＿＿＿＿年的身體要跟你說再見了。

想跟你說聲謝謝。

謝謝你讓我有機會在這個美麗的星球用人類的形式體驗了一回。

謝謝你給我一對做自己的父母，謝謝他們當年即使年輕依然生下了我，要不然就沒有後面這些故事了。謝謝他們追求自由做自己，也給了我做自己的自由。雖然好像沒有父母的陪伴難免遺憾，但我也因此得到許多療癒的機會並明白療癒的可貴。

謝謝你讓我降生在一個華人的大家庭，在這裡我學會了緊密的人與人的連結。我的家人絕對是祖先留給我們最棒的禮物，一路走來，這些家人們讓我得到了很多陪伴，很多支持，很多愛。

謝謝你讓我找到了我願意廝守一生的伴侶（也謝謝他找到了我）。親密關係讓我學會很多：承諾、責任、支持、愛！能一起成長一起學習並隨時提醒彼此調整步伐，關鍵的時刻轉頭發現「你在」眞的讓人很安心。還有那些數不清的晚餐後的散步，跟那些睡前故事，嗯，都是這些小事讓我明白什麼是珍惜，什麼是愛。

謝謝所有在我生命中出現的人們！不管是或長或短的生命停留，都讓我照見了自己的內心。那些讓我愛的、讓我恨的、讓我笑的、讓我哭的，都讓我更靠近我。

謝謝所有成爲我能量的食物，謝謝他們完成了他們的使命並支持著我的生命。謝謝那些用心養育、用心耕種的人們，謝謝那些花時間與食物連結並烹調的人們，謝謝那些食物的美好帶來的喜悅與連結。

謝謝時間，因爲有了時間的設定才有春夏秋冬的變化，才有歷史的存在，才有年紀的更迭，才有生老病死，才讓人尋找意義。才有這些高潮迭起讓人意想不到的體會，才有這無盡的感謝。

謝謝你讓不同的土地孕育了不同的文化、不同的價值觀，讓我有機會體驗時間帶來的沉澱與衝擊，讓我明白我們是如此地不同，卻又如此地相同。讓我知道自由意志與選擇的重要性，也讓我明白每一刻我都在選擇我是誰。

謝謝那些生命中發生的挫折與考驗，讓我了解宇宙對我無條件的支持與愛。也謝謝你讓我及時留意並發現了他們，讓我知道原來當我存在時有這麼多存有的關懷。

謝謝那些美極了的日出日落月光星辰，謝謝天空變化多端的雲，謝謝吹拂過我皮膚的風，還有滋潤大地的雨雪，謝謝高山大海湖泊溪流，還有瀑布冰河極光彩虹。謝謝不同物種的存在，讓我明白萬事萬物都有著連結。謝謝你們讓我明白什麼是美，什麼是悸動。

謝謝那些出現在身邊與旅程中的大樹，在與你們相遇的時候我明白什麼叫土地的支持與連結，我明白了時間，也明白了存在即是意義。

謝謝你讓我擁有這個身體，它時時刻刻提醒著我，我還在地球上體驗。也讓我明白我不只是這個身體，生命還有更多值得探尋的可能性。

謝謝那些攻擊讓我明白什麼是支持。

謝謝那些黑暗讓我明白什麼是光明。

謝謝那些恐懼讓我明白什麼是勇氣。

謝謝那些不是愛的讓我明白什麼是愛。

謝謝你讓我是我，謝謝你讓我是你。

這是我的感恩小錦囊
如果有一天你覺得孤單
不妨打開來看看
或許你會重新找到與世界的連結.

如果有一天、
我要說再見

天下文化
Believe in Reading